T&P BOOKS

GEORGISCH

WOORDENSCHAT

THEMATISCHE WOORDENLIJST

NEDERLANDS GEORGISCH

De meest bruikbare woorden
Om uw woordenschat uit te breiden en
uw taalvaardigheid aan te scherpen

5000 woorden

Thematische woordenschat Nederlands-Georgisch - 5000 woorden
Door Andrey Taranov

Woordenlijsten van T&P Books zijn bedoeld om u woorden van een vreemde taal te helpen leren, onthouden, en bestudering. Dit woordenboek is ingedeeld in thema's en behandelt alle belangrijk terreinen van het dagelijkse leven, bedrijven, wetenschap, cultuur, etc.

Het proces van het leren van woorden met behulp van de op thema's gebaseerde aanpak van T&P Books biedt u de volgende voordelen:

- Correct gegroepeerde informatie is bepalend voor succes bij opeenvolgende stadia van het leren van woorden
- De beschikbaarheid van woorden die van dezelfde stam zijn maakt het mogelijk om woordgroepen te onthouden (in plaats van losse woorden)
- Kleine groepen van woorden faciliteren het proces van het aanmaken van associatieve verbindingen, die nodig zijn bij het consolideren van de woordenschat
- Het niveau van talenkennis kan worden ingeschat door het aantal geleerde woorden

Copyright © 2016 T&P Books Publishing

Alle rechten voorbehouden. Niets uit deze uitgave mag worden verveelvoudigd, opgeslagen in een geautomatiseerd gegevensbestand en/of openbaar gemaakt in enige vorm of op enige wijze, hetzij elektronisch, mechanisch, door fotokopieën, opnamen of op enige andere manier zonder voorafgaande schriftelijke toestemming van de uitgever. U mag dit boek niet verspreiden in welk formaat dan ook.

T&P Books Publishing
www.tpbooks.com

ISBN: 978-1-78492-341-9

Dit boek is ook beschikbaar in e-boek formaat.
Gelieve www.tpbooks.com te bezoeken of de belangrijkste online boekwinkels.

GEORGISCHE WOORDENSCHAT
nieuwe woorden leren

T&P Books woordenlijsten zijn bedoeld om u te helpen vreemde woorden te leren, te onthouden, en te bestuderen. De woordenschat bevat meer dan 5000 veel gebruikte woorden die thematisch geordend zijn.

- De woordenlijst bevat de meest gebruikte woorden
- Aanbevolen als aanvulling bij welke taalcursus dan ook
- Voldoet aan de behoeften van de beginnende en gevorderde student in vreemde talen
- Geschikt voor dagelijks gebruik, bestudering en zelftestactiviteiten
- Maakt het mogelijk om uw woordenschat te evalueren

Bijzondere kenmerken van de woordenschat

- De woorden zijn gerangschikt naar hun betekenis, niet volgens alfabet
- De woorden worden weergegeven in drie kolommen om bestudering en zelftesten te vergemakkelijken
- Woorden in groepen worden verdeeld in kleine blokken om het leerproces te vergemakkelijken
- De woordenschat biedt een handige en eenvoudige beschrijving van elk buitenlands woord

De woordenschat bevat 155 onderwerpen zoals:

Basisconcepten, getallen, kleuren, maanden, seizoenen, meeteenheden, kleding en accessoires, eten & voeding, restaurant, familieleden, verwanten, karakter, gevoelens, emoties, ziekten, stad, dorp, bezienswaardigheden, winkelen, geld, huis, thuis, kantoor, werken op kantoor, import & export, marketing, werk zoeken, sport, onderwijs, computer, internet, gereedschap, natuur, landen, nationaliteiten en meer ...

INHOUDSOPGAVE

Uitspraakgids	9
Afkortingen	10

BASISBEGRIPPEN — 11
Basisbegrippen Deel 1 — 11

1. Voornaamwoorden — 11
2. Begroetingen. Begroetingen. Afscheid — 11
3. Hoe aan te spreken — 12
4. Kardinale getallen. Deel 1 — 12
5. Kardinale getallen. Deel 2 — 13
6. Ordinale getallen — 14
7. Getallen. Breuken — 14
8. Getallen. Eenvoudige berekeningen — 14
9. Getallen. Diversen — 14
10. De belangrijkste werkwoorden. Deel 1 — 15
11. De belangrijkste werkwoorden. Deel 2 — 16
12. De belangrijkste werkwoorden. Deel 3 — 17
13. De belangrijkste werkwoorden. Deel 4 — 17
14. Kleuren — 18
15. Vragen — 19
16. Voorzetsels — 20
17. Functiewoorden. Bijwoorden. Deel 1 — 20
18. Functiewoorden. Bijwoorden. Deel 2 — 22

Basisbegrippen Deel 2 — 24

19. Dagen van de week — 24
20. Uren. Dag en nacht — 24
21. Maanden. Seizoenen — 25
22. Meeteenheden — 27
23. Containers — 28

MENS — 29
Mens. Het lichaam — 29

24. Hoofd — 29
25. Menselijk lichaam — 30

Kleding en accessoires — 31

26. Bovenkleding. Jassen — 31
27. Heren & dames kleding — 31

28. Kleding. Ondergoed	32
29. Hoofddeksels	32
30. Schoeisel	32
31. Persoonlijke accessoires	33
32. Kleding. Diversen	33
33. Persoonlijke verzorging. Schoonheidsmiddelen	34
34. Horloges. Klokken	35

Voedsel. Voeding	36
35. Voedsel	36
36. Drankjes	37
37. Groenten	38
38. Vruchten. Noten	39
39. Brood. Snoep	40
40. Bereide gerechten	40
41. Kruiden	41
42. Maaltijden	42
43. Tafelschikking	43
44. Restaurant	43

Familie, verwanten en vrienden	44
45. Persoonlijke informatie. Formulieren	44
46. Familieleden. Verwanten	44

Geneeskunde	46
47. Ziekten	46
48. Symptomen. Behandelingen. Deel 1	47
49. Symptomen. Behandelingen. Deel 2	48
50. Symptomen. Behandelingen. Deel 3	49
51. Artsen	50
52. Geneeskunde. Medicijnen. Accessoires	50

HET MENSELIJKE LEEFGEBIED	51
Stad	51
53. Stad. Het leven in de stad	51
54. Stedelijke instellingen	52
55. Borden	53
56. Stedelijk vervoer	54
57. Bezienswaardigheden	55
58. Winkelen	56
59. Geld	57
60. Post. Postkantoor	58

Woning. Huis. Thuis	59
61. Huis. Elektriciteit	59

62. Villa. Herenhuis	59
63. Appartement	59
64. Meubels. Interieur	60
65. Beddengoed	61
66. Keuken	61
67. Badkamer	62
68. Huishoudelijke apparaten	63

MENSELIJKE ACTIVITEITEN — 64
Baan. Business. Deel 1 — 64

69. Kantoor. Op kantoor werken	64
70. Bedrijfsprocessen. Deel 1	65
71. Bedrijfsprocessen. Deel 2	66
72. Productie. Werken	67
73. Contract. Overeenstemming	68
74. Import & Export	69
75. Financiën	69
76. Marketing	70
77. Reclame	70
78. Bankieren	71
79. Telefoon. Telefoongesprek	72
80. Mobiele telefoon	72
81. Schrijfbehoeften	73
82. Soorten bedrijven	73

Baan. Business. Deel 2 — 76

83. Show. Tentoonstelling	76
84. Wetenschap. Onderzoek. Wetenschappers	77

Beroepen en ambachten — 79

85. Zoeken naar werk. Ontslag	79
86. Zakenmensen	79
87. Dienstverlenende beroepen	80
88. Militaire beroepen en rangen	81
89. Ambtenaren. Priesters	82
90. Agrarische beroepen	82
91. Kunst beroepen	83
92. Verschillende beroepen	83
93. Beroepen. Sociale status	85

Onderwijs — 86

94. School	86
95. Hogeschool. Universiteit	87
96. Wetenschappen. Disciplines	88
97. Schrift. Spelling	88
98. Vreemde talen	89

Rusten. Entertainment. Reizen 91

99. Trip. Reizen 91
100. Hotel 91

TECHNISCHE APPARATUUR. VERVOER 93
Technische apparatuur 93

101. Computer 93
102. Internet. E-mail 94
103. Elektriciteit 95
104. Gereedschappen 96

Vervoer 98

105. Vliegtuig 98
106. Trein 99
107. Schip 100
108. Vliegveld 101

Gebeurtenissen in het leven 103

109. Vakanties. Evenement 103
110. Begrafenissen. Begrafenis 104
111. Oorlog. Soldaten 104
112. Oorlog. Militaire acties. Deel 1 105
113. Oorlog. Militaire acties. Deel 2 107
114. Wapens 108
115. Oude mensen 110
116. Middeleeuwen 110
117. Leider. Baas. Autoriteiten 112
118. De wet overtreden. Criminelen. Deel 1 113
119. De wet overtreden. Criminelen. Deel 2 114
120. Politie. Wet. Deel 1 115
121. Politie. Wet. Deel 2 116

NATUUR 118
De Aarde. Deel 1 118

122. De kosmische ruimte 118
123. De Aarde 119
124. Windrichtingen 120
125. Zee. Oceaan 120
126. Namen van zeeën en oceanen 121
127. Bergen 122
128. Bergen namen 123
129. Rivieren 123
130. Namen van rivieren 124
131. Bos 124
132. Natuurlijke hulpbronnen 125

De Aarde. Deel 2 — 127

133. Weer — 127
134. Zwaar weer. Natuurrampen — 128

Fauna — 129

135. Zoogdieren. Roofdieren — 129
136. Wilde dieren — 129
137. Huisdieren — 130
138. Vogels — 131
139. Vis. Zeedieren — 133
140. Amfibieën. Reptielen — 133
141. Insecten — 134

Flora — 135

142. Bomen — 135
143. Heesters — 135
144. Vruchten. Bessen — 136
145. Bloemen. Planten — 136
146. Granen, graankorrels — 138

LANDEN. NATIONALITEITEN — 139

147. West-Europa — 139
148. Centraal- en Oost-Europa — 139
149. Voormalige USSR landen — 140
150. Azië — 140
151. Noord-Amerika — 141
152. Midden- en Zuid-Amerika — 141
153. Afrika — 142
154. Australië. Oceanië — 142
155. Steden — 142

UITSPRAAKGIDS

Letter	Georgisch voorbeeld	T&P fonetisch alfabet	Nederlands voorbeeld
ა	აკადემია	[ɑ]	acht
ბ	ბიოლოგია	[b]	hebben
გ	გრამატიკა	[g]	goal, tango
დ	შუალედი	[d]	Dank u, honderd
ე	ბედნიერი	[ɛ]	elf, zwembad
ვ	ვერცხლი	[v]	beloven, schrijven
ზ	ზარი	[z]	zeven, zesde
თ	თანაკლასელი	[th]	luchthaven, stadhuis
ი	ივლისი	[i]	bidden, tint
კ	კამა	[k]	kennen, kleur
ლ	ლანგარი	[l]	delen, luchter
მ	მარჯვენა	[m]	morgen, etmaal
ნ	ნაყინი	[n]	nemen, zonder
ო	ოსტატობა	[ɔ]	aankomst, bot
პ	პასპორტი	[p]	parallel, koper
ჟ	ჟიური	[ʒ]	journalist, rouge
რ	რეჟისორი	[r]	roepen, breken
ს	სასმელი	[s]	spreken, kosten
ტ	ტურისტი	[t]	tomaat, taart
უ	ურდული	[u]	hoed, doe
ფ	ფაიფური	[ph]	ophouden, ophangen
ქ	ქალაქი	[kh]	deukhoed, Stockholm
ღ	ღილაკი	[ɣ]	liegen, gaan
ყ	ყინული	[q]	kennen, kleur
შ	შედეგი	[ʃ]	shampoo, machine
ჩ	ჩამჩა	[ʧh]	aspiraat [tsch]
ც	ცურვა	[tsh]	handschoenen
ძ	ძიძა	[ʣ]	zeldzaam
წ	წამწამი	[ʦ]	niets, plaats
ჭ	ჭანჭიკი	[ʧ]	Tsjechië, cello
ხ	ხარისხი	[ɦ]	hitte, hypnose
ჯ	ჯიბე	[ʤ]	jeans, jungle
ჰ	ჰოკიჯოხა	[h]	het, herhalen

AFKORTINGEN
gebruikt in de woordenschat

Nederlandse afkortingen

abn	- als bijvoeglijk naamwoord
bijv.	- bijvoorbeeld
bn	- bijvoeglijk naamwoord
bw	- bijwoord
enk.	- enkelvoud
enz.	- enzovoort
form.	- formele taal
inform.	- informele taal
mann.	- mannelijk
mil.	- militair
mv.	- meervoud
on.ww.	- onovergankelijk werkwoord
ontelb.	- ontelbaar
ov.	- over
ov.ww.	- overgankelijk werkwoord
telb.	- telbaar
vn	- voornaamwoord
vrouw.	- vrouwelijk
vw	- voegwoord
vz	- voorzetsel
wisk.	- wiskunde
ww	- werkwoord

Nederlandse artikelen

de	- gemeenschappelijk geslacht
de/het	- gemeenschappelijk geslacht, onzijdig
het	- onzijdig

BASISBEGRIPPEN

Basisbegrippen Deel 1

1. Voornaamwoorden

ik	მე	me
jij, je	შენ	shen
hij, zij, het	ის	is
wij, we	ჩვენ	chven
jullie	თქვენ	tkven
zij, ze	ისინი	isini

2. Begroetingen. Begroetingen. Afscheid

Hallo! Dag!	გამარჯობა!	gamarjoba!
Hallo!	გამარჯობათ!	gamarjobat!
Goedemorgen!	დილა მშვიდობისა!	dila mshvidobisa!
Goedemiddag!	დღე მშვიდობისა!	dghe mshvidobisa!
Goedenavond!	საღამო მშვიდობისა!	saghamo mshvidobisa!
gedag zeggen (groeten)	მისალმება	misalmeba
Hoi!	სალამი!	salami!
groeten (het)	სალამი	salami
verwelkomen (ww)	მისალმება	misalmeba
Hoe gaat het?	როგორ ხარ?	rogor khar?
Is er nog nieuws?	რა არის ახალი?	ra aris akhali?
Dag! Tot ziens!	ნახვამდის!	nakhvamdis!
Tot snel! Tot ziens!	მომავალ შეხვედრამდე!	momaval shekhvedramde!
Vaarwel!	მშვიდობით!	mshvidobit!
afscheid nemen (ww)	გამომშვიდობება	gamomshvidobeba
Tot kijk!	კარგად!	k'argad!
Dank u!	გმადლობთ!	gmadlobt!
Dank u wel!	დიდი მადლობა!	didi madloba!
Graag gedaan	არაფრის	arapris
Geen dank!	მადლობად არ ღირს	madlobad ar ghirs
Geen moeite.	არაფრის	arapris
Excuseer me, ...	ბოდიში!	bodishi!
excuseren (verontschuldigen)	პატიება	p'at'ieba
zich verontschuldigen	ბოდიშის მოხდა	bodishis mokhda
Mijn excuses.	ბოდიში	bodishi
Het spijt me!	მაპატიეთ!	map'at'iet!

vergeven (ww)	პატიება	p'at'ieba
Maakt niet uit!	არა უშავს.	ara ushavs.
alsjeblieft	გეთაყვა	getaqva
Vergeet het niet!	არ დაგავიწყდეთ!	ar dagavits'qdet!
Natuurlijk!	რა თქმა უნდა!	ra tkma unda!
Natuurlijk niet!	რა თქმა უნდა, არა!	ra tkma unda, ara!
Akkoord!	თანახმა ვარ!	tanakhma var!
Zo is het genoeg!	საკმარისია!	sak'marisia!

3. Hoe aan te spreken

meneer	ბატონო	bat'ono
mevrouw	ქალბატონო	kalbat'ono
juffrouw	ქალიშვილო	kalishvilo
jongeman	ახალგაზრდავ	akhalgazrdav
jongen	ბიჭი	bich'i
meisje	გოგო	gogo

4. Kardinale getallen. Deel 1

nul	ნული	nuli
een	ერთი	erti
twee	ორი	ori
drie	სამი	sami
vier	ოთხი	otkhi
vijf	ხუთი	khuti
zes	ექვსი	ekvsi
zeven	შვიდი	shvidi
acht	რვა	rva
negen	ცხრა	tskhra
tien	ათი	ati
elf	თერთმეტი	tertmet'i
twaalf	თორმეტი	tormet'i
dertien	ცამეტი	tsamet'i
veertien	თოთხმეტი	totkhmet'i
vijftien	თხუთმეტი	tkhutmet'i
zestien	თექვსმეტი	tekvsmet'i
zeventien	ჩვიდმეტი	chvidmet'i
achttien	თვრამეტი	tvramet'i
negentien	ცხრამეტი	tskhramet'i
twintig	ოცი	otsi
eenentwintig	ოცდაერთი	otsdaerti
tweeëntwintig	ოცდაორი	otsdaori
drieëntwintig	ოცდასამი	otsdasami
dertig	ოცდაათი	otsdaati
eenendertig	ოცდათერთმეტი	otsdatertmet'i

tweeëndertig	ოცდათორმეტი	otsdatormet'i
drieëndertig	ოცდაცამეტი	otsdatsamet'i
veertig	ორმოცი	ormotsi
eenenveertig	ორმოცდაერთი	ormotsdaerti
tweeënveertig	ორმოცდაორი	ormotsdaori
drieënveertig	ორმოცდასამი	ormotsdasami
vijftig	ორმოცდაათი	ormotsdaati
eenenvijftig	ორმოცდათერთმეტი	ormotsdatertmet'i
tweeënvijftig	ორმოცდათორმეტი	ormotsdatormet'i
drieënvijftig	ორმოცდაცამეტი	ormotsdatsamet'i
zestig	სამოცი	samotsi
eenenzestig	სამოცდაერთი	samotsdaerti
tweeënzestig	სამოცდაორი	samotsdaori
drieënzestig	სამოცდასამი	samotsdasami
zeventig	სამოცდაათი	samotsdaati
eenenzeventig	სამოცდათერთმეტი	samotsdatertmet'i
tweeënzeventig	სამოცდათორმეტი	samotsdatormet'i
drieënzeventig	სამოცდაცამეტი	samotsdatsamet'i
tachtig	ოთხმოცი	otkhmotsi
eenentachtig	ოთხმოცდაერთი	otkhmotsdaerti
tweeëntachtig	ოთხმოცდაორი	otkhmotsdaori
drieëntachtig	ოთხმოცდასამი	otkhmotsdasami
negentig	ოთხმოცდაათი	otkhmotsdaati
eenennegentig	ოთხმოცდათერთმეტი	otkhmotsdatertmet'i
tweeënnegentig	ოთხმოცდათორმეტი	otkhmotsdatormet'i
drieënnegentig	ოთხმოცდაცამეტი	otkhmotsdatsamet'i

5. Kardinale getallen. Deel 2

honderd	ასი	asi
tweehonderd	ორასი	orasi
driehonderd	სამასი	samasi
vierhonderd	ოთხასი	otkhasi
vijfhonderd	ხუთასი	khutasi
zeshonderd	ექვსასი	ekvsasi
zevenhonderd	შვიდასი	shvidasi
achthonderd	რვაასი	rvaasi
negenhonderd	ცხრაასი	tskhraasi
duizend	ათასი	atasi
tweeduizend	ორი ათასი	ori atasi
drieduizend	სამი ათასი	sami atasi
tienduizend	ათი ათასი	ati atasi
honderdduizend	ასი ათასი	asi atasi
miljoen (het)	მილიონი	milioni
miljard (het)	მილიარდი	miliardi

6. Ordinale getallen

eerste (bn)	პირველი	p'irveli
tweede (bn)	მეორე	meore
derde (bn)	მესამე	mesame
vierde (bn)	მეოთხე	meotkhe
vijfde (bn)	მეხუთე	mekhute
zesde (bn)	მეექვსე	meekvse
zevende (bn)	მეშვიდე	meshvide
achtste (bn)	მერვე	merve
negende (bn)	მეცხრე	metskhre
tiende (bn)	მეათე	meate

7. Getallen. Breuken

breukgetal (het)	წილადი	ts'iladi
half	ერთი მეორედი	erti meoredi
een derde	ერთი მესამედი	erti mesamedi
kwart	ერთი მეოთხედი	erti meotkhedi
een achtste	ერთი მერვედი	erti mervedi
een tiende	ერთი მეათედი	erti meatedi
twee derde	ორი მესამედი	ori mesamedi
driekwart	სამი მეოთხედი	sami meotkhedi

8. Getallen. Eenvoudige berekeningen

aftrekking (de)	გამოკლება	gamok'leba
aftrekken (ww)	გამოკლება	gamok'leba
deling (de)	გაყოფა	gaqopa
delen (ww)	გაყოფა	gaqopa
optelling (de)	შეკრება	shek'reba
erbij optellen	შეკრება	shek'reba
(bij elkaar voegen)		
optellen (ww)	მიმატება	mimat'eba
vermenigvuldiging (de)	გამრავლება	gamravleba
vermenigvuldigen (ww)	გამრავლება	gamravleba

9. Getallen. Diversen

cijfer (het)	ციფრი	tsipri
nummer (het)	რიცხვი	ritskhvi
telwoord (het)	რიცხვითი სახელი	ritskhviti sakheli
minteken (het)	მინუსი	minusi
plusteken (het)	პლიუსი	p'liusi
formule (de)	ფორმულა	pormula
berekening (de)	გამოანგარიშება	gamoangarisheba

tellen (ww)	დათვლა	datvla
bijrekenen (ww)	დათვლა	datvla
vergelijken (ww)	შედარება	shedareba
Hoeveel?	რამდენი?	ramdeni?
som (de), totaal (het)	ჯამი	jami
uitkomst (de)	შედეგი	shedegi
rest (de)	ნაშთი	nashti
enkele (bijv. ~ minuten)	რამდენიმე	ramdenime
weinig (bw)	ცოტაოდენი ...	tsot'aodeni ...
restant (het)	დანარჩენი	danarcheni
anderhalf	ერთ-ნახევარი	ert-nakhevari
dozijn (het)	დუჟინი	duzhini
middendoor (bw)	შუაზე	shuaze
even (bw)	თანაბრად	tanabrad
helft (de)	ნახევარი	nakhevari
keer (de)	ჯერ	jer

10. De belangrijkste werkwoorden. Deel 1

aanbevelen (ww)	რეკომენდაციის მიცემა	rek'omendatsiis mitsema
aandringen (ww)	დაჟინება	dazhineba
aankomen (per auto, enz.)	ჩამოსვლა	chamosvla
aanraken (ww)	ხელის ხლება	khelis khleba
adviseren (ww)	რჩევა	rcheva
afdalen (on.ww.)	ჩასვლა	chasvla
afslaan (naar rechts ~)	მობრუნება	mobruneba
antwoorden (ww)	პასუხის გაცემა	p'asukhis gatsema
bang zijn (ww)	შიში	shishi
bedreigen (bijv. met een pistool)	დამუქრება	damukreba
bedriegen (ww)	მოტყუება	mot'queba
beëindigen (ww)	დამთავრება	damtavreba
beginnen (ww)	დაწყება	dats'qeba
begrijpen (ww)	გაგება	gageba
beheren (managen)	ხელმძღვანელობა	khelmdzghvaneloba
beledigen (met scheldwoorden)	შეურაცხყოფა	sheuratskhqopa
beloven (ww)	დაპირება	dap'ireba
bereiden (koken)	მზადება	mzadeba
bespreken (spreken over)	განხილვა	gankhilva
bestellen (eten ~)	შეკვეთა	shek'veta
bestraffen (een stout kind ~)	დასჯა	dasja
betalen (ww)	გადახდა	gadakhda
betekenen (beduiden)	აღნიშვნა	aghnishvna
betreuren (ww)	სინანული	sinanuli
bevallen (prettig vinden)	მოწონება	mots'oneba
bevelen (mil.)	ბრძანება	brdzaneba

bevrijden (stad, enz.)	გათავისუფლება	gatavisupleba
bewaren (ww)	შენახვა	shenakhva
bezitten (ww)	ფლობა	ploba
bidden (praten met God)	ლოცვა	lotsva
binnengaan (een kamer ~)	შემოსვლა	shemosvla
breken (ww)	ტეხა	t'ekha
controleren (ww)	კონტროლის გაწევა	k'ont'rolis gats'eva
creëren (ww)	შექმნა	shekmna
deelnemen (ww)	მონაწილეობა	monats'ileoba
denken (ww)	ფიქრი	pikri
doden (ww)	მოკვლა	mok'vla
doen (ww)	კეთება	k'eteba

11. De belangrijkste werkwoorden. Deel 2

een hint geven	კარნახი	k'arnakhi
eisen (met klem vragen)	მოთხოვნა	motkhovna
existeren (bestaan)	არსებობა	arseboba
gaan (te voet)	სვლა	svla
gaan zitten (ww)	დაჯდომა	dajdoma
gaan zwemmen	ბანაობა	banaoba
geven (ww)	მიცემა	mitsema
glimlachen (ww)	გაღიმება	gaghimeba
goed raden (ww)	გამოცნობა	gamotsnoba
grappen maken (ww)	ხუმრობა	khumroba
graven (ww)	თხრა	tkhra
hebben (iets levend)	ყოლა	qola
hebben (iets levenloos)	ქონა	kona
helpen (ww)	დახმარება	dakhmareba
herhalen (opnieuw zeggen)	გამეორება	gameoreba
hopen (ww)	იმედოვნება	imedovneba
horen (waarnemen met het oor)	სმენა	smena
huilen (wenen)	ტირილი	t'irili
huren (huis, kamer)	დაქირავება	dakiraveba
informeren (informatie geven)	ინფორმირება	inpormireba
instemmen (akkoord gaan)	დათანხმება	datankhmeba
jagen (ww)	ნადირობა	nadiroba
kennen (kennis hebben van iemand)	ცნობა	tsnoba
kiezen (ww)	არჩევა	archeva
klagen (ww)	ჩივილი	chivili
kosten (ww)	ღირება	ghireba
kunnen (ww)	შეძლება	shedzleba
lachen (ww)	სიცილი	sitsili
laten vallen (ww)	ხელიდან გავარდნა	khelidan gavardna

lezen (ww)	კითხვა	k'itkhva
liefhebben (ww)	სიყვარული	siqvaruli
lunchen (ww)	სადილობა	sadiloba
nemen (ww)	აღება	agheba
nodig zijn (ww)	საჭიროება	sach'iroeba

12. De belangrijkste werkwoorden. Deel 3

onderschatten (ww)	არშეფასება	arshepaseba
ondertekenen (ww)	ხელის მოწერა	khelis mots'era
ontbijten (ww)	საუზმობა	sauzmoba
openen (ww)	გაღება	gagheba
ophouden (ww)	შეწყვეტა	shets'qvet'a
opmerken (zien)	შენიშვნა	shenishvna
opscheppen (ww)	ტრაბახი	t'rabakhi
opschrijven (ww)	ჩაწერა	chats'era
plannen (ww)	დაგეგმვა	dagegmva
prefereren (verkiezen)	მჯობინება	mjobineba
proberen (trachten)	ცდა	tsda
redden (ww)	გადარჩენა	gadarchena
rekenen op ...	იმედის ქონა	imedis kona
rennen (ww)	გაქცევა	gaktseva
reserveren (een hotelkamer ~)	რეზერვირება	rezervireba
roepen (om hulp)	დაძახება	dadzakheba
schieten (ww)	სროლა	srola
schreeuwen (ww)	ყვირილი	qvirili
schrijven (ww)	წერა	ts'era
souperen (ww)	ვახშმობა	vakhshmoba
spelen (kinderen)	თამაში	tamashi
spreken (ww)	ლაპარაკი	lap'arak'i
stelen (ww)	პარვა	p'arva
stoppen (pauzeren)	გაჩერება	gachereba
studeren (Nederlands ~)	შესწავლა	shests'avla
sturen (zenden)	გაგზავნა	gagzavna
tellen (optellen)	დათვლა	datvla
toebehoren ...	კუთვნება	k'utvneba
toestaan (ww)	ნების დართვა	nebis dartva
tonen (ww)	ჩვენება	chveneba
twijfelen (onzeker zijn)	დაეჭვება	daech'veba
uitgaan (ww)	გამოსვლა	gamosvla
uitnodigen (ww)	მოწვევა	mots'veva
uitspreken (ww)	წარმოთქმა	ts'armotkma
uitvaren tegen (ww)	ლანძღვა	landzghva

13. De belangrijkste werkwoorden. Deel 4

vallen (ww)	ვარდნა	vardna
vangen (ww)	ჭერა	ch'era

veranderen (anders maken)	შეცვლა	shetsvla
verbaasd zijn (ww)	გაკვირვება	gak'virveba
verbergen (ww)	დამალვა	damalva
verdedigen (je land ~)	დაცვა	datsva
verenigen (ww)	გაერთიანება	gaertianeba
vergelijken (ww)	შედარება	shedareba
vergeten (ww)	დავიწყება	davits'qeba
vergeven (ww)	პატიება	p'at'ieba
verklaren (uitleggen)	ახსნა	akhsna
verkopen (per stuk ~)	გაყიდვა	gaqidva
vermelden (praten over)	ხსენება	khseneba
versieren (decoreren)	მორთვა	mortva
vertalen (ww)	თარგმნა	targmna
vertrouwen (ww)	ნდობა	ndoba
vervolgen (ww)	გაგრძელება	gagrdzeleba
verwarren (met elkaar ~)	არევა	areva
verzoeken (ww)	თხოვნა	tkhovna
verzuimen (school, enz.)	გაცდენა	gatsdena
vinden (ww)	პოვნა	p'ovna
vliegen (ww)	ფრენა	prena
volgen (ww)	მიდევნა	midevna
voorstellen (ww)	შეთავაზება	shetavazeba
voorzien (verwachten)	გათვალისწინება	gatvalists'ineba
vragen (ww)	კითხვა	k'itkhva
waarnemen (ww)	დაკვირვება	dak'virveba
waarschuwen (ww)	გაფრთხილება	gaprtkhileba
wachten (ww)	ლოდინი	lodini
weerspreken (ww)	წინააღმდეგ ყოფნა	ts'inaaghmdeg qopna
weigeren (ww)	უარის თქმა	uaris tkma
werken (ww)	მუშაობა	mushaoba
weten (ww)	ცოდნა	tsodna
willen (verlangen)	ნდომა	ndoma
zeggen (ww)	თქმა	tkma
zich haasten (ww)	აჩქარება	achkareba
zich interesseren voor ...	დაინტერესება	daint'ereseba
zich vergissen (ww)	შეცდომა	shetsdoma
zich verontschuldigen	ბოდიშის მოხდა	bodishis mokhda
zien (ww)	ხედვა	khedva
zijn (ww)	ყოფნა	qopna
zoeken (ww)	ძებნა	dzebna
zwemmen (ww)	ცურვა	tsurva
zwijgen (ww)	დუმილი	dumili

14. Kleuren

kleur (de)	ფერი	peri
tint (de)	ელფერი	elperi

kleurnuance (de)	ტონი	t'oni
regenboog (de)	ცისარტყელა	tsisart'qela

wit (bn)	თეთრი	tetri
zwart (bn)	შავი	shavi
grijs (bn)	რუხი	rukhi

groen (bn)	მწვანე	mts'vane
geel (bn)	ყვითელი	qviteli
rood (bn)	წითელი	ts'iteli

blauw (bn)	ლურჯი	lurji
lichtblauw (bn)	ცისფერი	tsisperi
roze (bn)	ვარდისფერი	vardisperi
oranje (bn)	ნარინჯისფერი	narinjisperi
violet (bn)	იისფერი	iisperi
bruin (bn)	ყავისფერი	qavisperi

goud (bn)	ოქროსფერი	okrosperi
zilverkleurig (bn)	ვერცხლისფერი	vertskhlisperi

beige (bn)	ჩალისფერი	chalisperi
roomkleurig (bn)	კრემისფერი	k'remisperi
turkoois (bn)	ფირუზისფერი	piruzisperi
kersrood (bn)	ალუბლისფერი	alublisperi
lila (bn)	ლილისფერი	lilisperi
karmijnrood (bn)	ჟოლოსფერი	zholosperi

licht (bn)	ღია ფერისა	ghia perisa
donker (bn)	მუქი	muki
fel (bn)	კაშკაშა	k'ashk'asha

kleur-, kleurig (bn)	ფერადი	peradi
kleuren- (abn)	ფერადი	peradi
zwart-wit (bn)	შავ-თეთრი	shav-tetri
eenkleurig (bn)	ერთფეროვანი	ertperovani
veelkleurig (bn)	მრავალფეროვანი	mravalperovani

15. Vragen

Wie?	ვინ?	vin?
Wat?	რა?	ra?
Waar?	სად?	sad?
Waarheen?	სად?	sad?
Waar ... vandaan?	საიდან?	saidan?
Wanneer?	როდის?	rodis?
Waarom?	რისთვის?	ristvis?
Waarom?	რატომ?	rat'om?

Waarvoor dan ook?	რისთვის?	ristvis?
Hoe?	როგორ?	rogor?
Wat voor ...?	როგორი?	rogori?
Welk?	რომელი?	romeli?
Aan wie?	ვის?	vis?

Over wie?	ვიზე?	vize?
Waarover?	რაზე?	raze?
Met wie?	ვისთან ერთად?	vistan ertad?

| Hoeveel? | რამდენი? | ramdeni? |
| Van wie? (mann.) | ვისი? | visi? |

16. Voorzetsels

met (bijv. ~ beleg)	ერთად	ertad
zonder (~ accent)	გარეშე	gareshe
naar (in de richting van)	-ში	-shi
over (praten ~)	შესახებ	shesakheb
voor (in tijd)	წინ	ts'in
voor (aan de voorkant)	წინ	ts'in

onder (lager dan)	ქვეშ	kvesh
boven (hoger dan)	ზემოთ	zemot
op (bovenop)	-ზე	-ze
van (uit, afkomstig van)	-დან	-dan
van (gemaakt van)	-გან	-gan

| over (bijv. ~ een uur) | -ში | -shi |
| over (over de bovenkant) | -ზე | -ze |

17. Functiewoorden. Bijwoorden. Deel 1

Waar?	სად?	sad?
hier (bw)	აქ	ak
daar (bw)	იქ	ik

| ergens (bw) | სადღაც | sadghats |
| nergens (bw) | არსად | arsad |

| bij ... (in de buurt) | -თან | -tan |
| bij het raam | ფანჯარასთან | panjarastan |

Waarheen?	სად?	sad?
hierheen (bw)	აქ	ak
daarheen (bw)	იქ	ik
hiervandaan (bw)	აქედან	akedan
daarvandaan (bw)	იქიდან	ikidan

| dichtbij (bw) | ახლოს | akhlos |
| ver (bw) | შორს | shors |

in de buurt (van ...)	გვერდით	gverdit
vlakbij (bw)	გვერდით	gverdit
niet ver (bw)	ახლო	akhlo

| linker (bn) | მარცხენა | martskhena |
| links (bw) | მარცხნივ | martskhniv |

linksaf, naar links (bw)	მარცხნივ	martskhniv
rechter (bn)	მარჯვენა	marjvena
rechts (bw)	მარჯვნივ	marjvniv
rechtsaf, naar rechts (bw)	მარჯვნივ	marjvniv
vooraan (bw)	წინ	ts'in
voorste (bn)	წინა	ts'ina
vooruit (bw)	წინ	ts'in
achter (bw)	უკან	uk'an
van achteren (bw)	უკნიდან	uk'nidan
achteruit (naar achteren)	უკან	uk'an
midden (het)	შუა	shua
in het midden (bw)	შუაში	shuashi
opzij (bw)	გვერდიდან	gverdidan
overal (bw)	ყველგან	qvelgan
omheen (bw)	გარშემო	garshemo
binnenuit (bw)	შიგნიდან	shignidan
naar ergens (bw)	სადღაც	sadghats
rechtdoor (bw)	პირდაპირ	p'irdap'ir
terug (bijv. ~ komen)	უკან	uk'an
ergens vandaan (bw)	საიდანმე	saidanme
ergens vandaan (en dit geld moet ~ komen)	საიდანღაც	saidanghats
ten eerste (bw)	პირველ რიგში	p'irvel rigshi
ten tweede (bw)	მეორედ	meored
ten derde (bw)	მესამედ	mesamed
plotseling (bw)	უცებ	utseb
in het begin (bw)	თავდაპირველად	tavdap'irvelad
voor de eerste keer (bw)	პირველად	p'irvelad
lang voor … (bw)	დიდი ხნით ადრე	didi khnit adre
opnieuw (bw)	ხელახლა	khelakhla
voor eeuwig (bw)	სამუდამოდ	samudamod
nooit (bw)	არასდროს	arasdros
weer (bw)	ისევ	isev
nu (bw)	ახლა	akhla
vaak (bw)	ხშირად	khshirad
toen (bw)	მაშინ	mashin
urgent (bw)	სასწრაფოდ	sasts'rapod
meestal (bw)	ჩვეულებრივად	chveulebrivad
trouwens, … (tussen haakjes)	სხვათა შორის	skhvata shoris
mogelijk (bw)	შესაძლოა	shesadzloa
waarschijnlijk (bw)	ალბათ	albat
misschien (bw)	შეიძლება	sheidzleba
trouwens (bw)	ამას გარდა, …	amas garda, …
daarom …	ამიტომ	amit'om
in weerwil van …	მიუხედავად	miukhedavad

dankzij ...	წყალობით	ts'qalobit
wat (vn)	რა	ra
dat (vw)	რომ	rom
iets (vn)	რაღაც	raghats
iets	რაიმე	raime
niets (vn)	არაფერი	araperi

wie (~ is daar?)	ვინ	vin
iemand (een onbekende)	ვიღაც	vighats
iemand (een bepaald persoon)	ვინმე	vinme

niemand (vn)	არავინ	aravin
nergens (bw)	არსად	arsad
niemands (bn)	არავისი	aravisi
iemands (bn)	ვინმესი	vinmesi

zo (Ik ben ~ blij)	ასე	ase
ook (evenals)	აგრეთვე	agretve
alsook (eveneens)	-ც	-ts

18. Functiewoorden. Bijwoorden. Deel 2

Waarom?	რატომ?	rat'om?
om een bepaalde reden	რატომღაც	rat'omghats
omdat ...	იმიტომ, რომ ...	imit'om, rom ...
voor een bepaald doel	რატომღაც	rat'omghats

en (vw)	და	da
of (vw)	ან	an
maar (vw)	მაგრამ	magram
voor (vz)	-თვის	-tvis

te (~ veel mensen)	მეტისმეტად	met'ismet'ad
alleen (bw)	მხოლოდ	mkholod
precies (bw)	ზუსტად	zust'ad
ongeveer (~ 10 kg)	თითქმის	titkmis

omstreeks (bw)	დაახლოებით	daakhloebit
bij benadering (bn)	დაახლოებითი	daakhloebiti
bijna (bw)	თითქმის	titkmis
rest (de)	დანარჩენი	danarcheni

elk (bn)	ყოველი	qoveli
om het even welk	ნებისმიერი	nebismieri
veel (grote hoeveelheid)	ბევრი	bevri
veel mensen	ბევრნი	bevrni
iedereen (alle personen)	ყველა	qvela

in ruil voor ...	ნაცვლად	natsvlad
in ruil (bw)	ნაცვლად	natsvlad
met de hand (bw)	ხელით	khelit
onwaarschijnlijk (bw)	საეჭვოა	saech'voa
waarschijnlijk (bw)	ალბათ	albat

met opzet (bw)	განზრახ	ganzrakh
toevallig (bw)	შემთხვევით	shemtkhvevit
zeer (bw)	ძალიან	dzalian
bijvoorbeeld (bw)	მაგალითად	magalitad
tussen (~ twee steden)	შორის	shoris
tussen (te midden van)	შორის	shoris
zoveel (bw)	ამდენი	amdeni
vooral (bw)	განსაკუთრებით	gansak'utrebit

Basisbegrippen Deel 2

19. Dagen van de week

maandag (de)	ორშაბათი	orshabati
dinsdag (de)	სამშაბათი	samshabati
woensdag (de)	ოთხშაბათი	otkhshabati
donderdag (de)	ხუთშაბათი	khutshabati
vrijdag (de)	პარასკევი	p'arask'evi
zaterdag (de)	შაბათი	shabati
zondag (de)	კვირა	k'vira

vandaag (bw)	დღეს	dghes
morgen (bw)	ხვალ	khval
overmorgen (bw)	ზეგ	zeg
gisteren (bw)	გუშინ	gushin
eergisteren (bw)	გუშინწინ	gushints'in

dag (de)	დღე	dghe
werkdag (de)	სამუშაო დღე	samushao dghe
feestdag (de)	სადღესასწაულო დღე	sadghesasts'aulo dghe
verlofdag (de)	დასვენების დღე	dasvenebis dghe
weekend (het)	დასვენების დღეები	dasvenebis dgheebi

de hele dag (bw)	მთელი დღე	mteli dghe
de volgende dag (bw)	მომდევნო დღეს	momdevno dghes
twee dagen geleden	ორი დღის წინ	ori dghis ts'in
aan de vooravond (bw)	წინადღეს	ts'inadghes
dag-, dagelijks (bn)	ყოველდღიური	qoveldghiuri
elke dag (bw)	ყოველდღიურად	qoveldghiurad

week (de)	კვირა	k'vira
vorige week (bw)	გასულ კვირას	gasul k'viras
volgende week (bw)	მომდევნო კვირას	momdevno k'viras
wekelijks (bn)	ყოველკვირეული	qovelk'vireuli
elke week (bw)	ყოველკვირეულად	qovelk'vireulad
twee keer per week	კვირაში ორჯერ	k'virashi orjer
elke dinsdag	ყოველ სამშაბათს	qovel samshabats

20. Uren. Dag en nacht

morgen (de)	დილა	dila
's morgens (bw)	დილით	dilit
middag (de)	შუადღე	shuadghe
's middags (bw)	სადილის შემდეგ	sadilis shemdeg

avond (de)	საღამო	saghamo
's avonds (bw)	საღამოს	saghamos

nacht (de)	ღამე	ghame
's nachts (bw)	ღამით	ghamit
middernacht (de)	შუაღამე	shuaghame |//

seconde (de)	წამი	ts'ami
minuut (de)	წუთი	ts'uti
uur (het)	საათი	saati
halfuur (het)	ნახევარი საათი	nakhevari saati
kwartier (het)	თხუთმეტი წუთი	tkhutmet'i ts'uti
vijftien minuten	თხუთმეტი წუთი	tkhutmet'i ts'uti
etmaal (het)	დღე-ღამე	dghe-ghame

zonsopgang (de)	მზის ამოსვლა	mzis amosvla
dageraad (de)	განთიადი	gantiadi
vroege morgen (de)	ადრიანი დილა	adriani dila
zonsondergang (de)	მზის ჩასვლა	mzis chasvla

's morgens vroeg (bw)	დილით ადრე	dilit adre
vanmorgen (bw)	დღეს დილით	dghes dilit
morgenochtend (bw)	ხვალ დილით	khval dilit

vanmiddag (bw)	დღეს	dghes
's middags (bw)	სადილის შემდეგ	sadilis shemdeg
morgenmiddag (bw)	ხვალ სადილის შემდეგ	khval sadilis shemdeg

vanavond (bw)	დღეს საღამოს	dghes saghamos
morgenavond (bw)	ხვალ საღამოს	khval saghamos

klokslag drie uur	ზუსტად სამ საათზე	zust'ad sam saatze
ongeveer vier uur	დაახლოებით ოთხი საათი	daakhloebit otkhi saati
tegen twaalf uur	თორმეტი საათისთვის	tormet'i saatistvis

over twintig minuten	ოც წუთში	ots ts'utshi
over een uur	ერთ საათში	ert saatshi
op tijd (bw)	დროულად	droulad

kwart voor ...	თხუთმეტი წუთი აკლია	tkhutmet'i ts'uti ak'lia
binnen een uur	საათის განმავლობაში	saatis ganmavlobashi
elk kwartier	ყოველ თხუთმეტ წუთში	qovel tkhutmet' ts'utshi
de klok rond	დღე-ღამის განმავლობაში	dghe-ghamis ganmavlobashi

21. Maanden. Seizoenen

januari (de)	იანვარი	ianvari
februari (de)	თებერვალი	tebervali
maart (de)	მარტი	mart'i
april (de)	აპრილი	ap'rili
mei (de)	მაისი	maisi
juni (de)	ივნისი	ivnisi

juli (de)	ივლისი	ivlisi
augustus (de)	აგვისტო	agvist'o
september (de)	სექტემბერი	sekt'emberi
oktober (de)	ოქტომბერი	okt'omberi

november (de)	ნოემბერი	noemberi
december (de)	დეკემბერი	dek'emberi
lente (de)	გაზაფხული	gazapkhuli
in de lente (bw)	გაზაფხულზე	gazapkhulze
lente- (abn)	გაზაფხულისა	gazapkhulisa
zomer (de)	ზაფხული	zapkhuli
in de zomer (bw)	ზაფხულში	zapkhulshi
zomer-, zomers (bn)	ზაფხულისა	zapkhulisa
herfst (de)	შემოდგომა	shemodgoma
in de herfst (bw)	შემოდგომაზე	shemodgomaze
herfst- (abn)	შემოდგომისა	shemodgomisa
winter (de)	ზამთარი	zamtari
in de winter (bw)	ზამთარში	zamtarshi
winter- (abn)	ზამთრის	zamtris
maand (de)	თვე	tve
deze maand (bw)	ამ თვეში	am tveshi
volgende maand (bw)	მომდევნო თვეს	momdevno tves
vorige maand (bw)	გასულ თვეს	gasul tves
een maand geleden (bw)	ერთი თვის წინ	erti tvis ts'in
over een maand (bw)	ერთი თვის შემდეგ	erti tvis shemdeg
over twee maanden (bw)	ორი თვის შემდეგ	ori tvis shemdeg
de hele maand (bw)	მთელი თვე	mteli tve
een volle maand (bw)	მთელი თვე	mteli tve
maand-, maandelijks (bn)	ყოველთვიური	qoveltviuri
maandelijks (bw)	ყოველთვიურად	qoveltviurad
elke maand (bw)	ყოველ თვე	qovel tve
twee keer per maand	თვეში ორჯერ	tveshi orjer
jaar (het)	წელი	ts'eli
dit jaar (bw)	წელს	ts'els
volgend jaar (bw)	მომავალ წელს	momaval ts'els
vorig jaar (bw)	შარშან	sharshan
een jaar geleden (bw)	ერთი წლის წინ	erti ts'lis ts'in
over een jaar	ერთი წლის შემდეგ	erti ts'lis shemdeg
over twee jaar	ორი წლის შემდეგ	ori ts'lis shemdeg
het hele jaar	მთელი წელი	mteli ts'eli
een vol jaar	მთელი წელი	mteli ts'eli
elk jaar	ყოველ წელს	qovel ts'els
jaar-, jaarlijks (bn)	ყოველწლიური	qovelts'liuri
jaarlijks (bw)	ყოველწლიურად	qovelts'liurad
4 keer per jaar	წელიწადში ოთხჯერ	ts'elits'adshi otkhjer
datum (de)	რიცხვი	ritskhvi
datum (de)	თარიღი	tarighi
kalender (de)	კალენდარი	k'alendari
een half jaar	ნახევარი წელი	nakhevari ts'eli
zes maanden	ნახევარწელი	nakhevarts'eli

seizoen (bijv. lente, zomer)	სეზონი	sezoni
eeuw (de)	საუკუნე	sauk'une

22. Meeteenheden

gewicht (het)	წონა	ts'ona
lengte (de)	სიგრძე	sigrdze
breedte (de)	სიგანე	sigane
hoogte (de)	სიმაღლე	simaghle
diepte (de)	სიღრმე	sighrme
volume (het)	მოცულობა	motsuloba
oppervlakte (de)	ფართობი	partobi

gram (het)	გრამი	grami
milligram (het)	მილიგრამი	miligrami
kilogram (het)	კილოგრამი	k'ilogrami
ton (duizend kilo)	ტონა	t'ona
pond (het)	გირვანქა	girvanka
ons (het)	უნცია	untsia

meter (de)	მეტრი	met'ri
millimeter (de)	მილიმეტრი	milimet'ri
centimeter (de)	სანტიმეტრი	sant'imet'ri
kilometer (de)	კილომეტრი	k'ilomet'ri
mijl (de)	მილი	mili

duim (de)	დუიმი	duimi
voet (de)	ფუტი	put'i
yard (de)	იარდი	iardi

vierkante meter (de)	კვადრატული მეტრი	k'vadrat'uli met'ri
hectare (de)	ჰექტარი	hek't'ari

liter (de)	ლიტრი	lit'ri
graad (de)	გრადუსი	gradusi
volt (de)	ვოლტი	volt'i
ampère (de)	ამპერი	amp'eri
paardenkracht (de)	ცხენის ძალა	tskhenis dzala

hoeveelheid (de)	რაოდენობა	raodenoba
een beetje …	ცოტაოდენი …	tsot'aodeni …
helft (de)	ნახევარი	nakhevari

dozijn (het)	დუჟინი	duzhini
stuk (het)	ცალი	tsali

afmeting (de)	ზომა	zoma
schaal (bijv. ~ van 1 op 50)	მასშტაბი	massht'abi

minimaal (bn)	მინიმალური	minimaluri
minste (bn)	უმცირესი	umtsiresi
medium (bn)	საშუალო	sashualo
maximaal (bn)	მაქსიმალური	maksimaluri
grootste (bn)	უდიდესი	udidesi

23. Containers

glazen pot (de)	ქილა	kila
blik (conserven~)	ქილა	kila
emmer (de)	ვედრო	vedro
ton (bijv. regenton)	კასრი	k'asri
ronde waterbak (de)	ტაშტი	t'asht'i
tank (bijv. watertank-70-ltr)	ბაკი	bak'i
heupfles (de)	მათარა	matara
jerrycan (de)	კანისტრა	k'anist'ra
tank (bijv. ketelwagen)	ცისტერნა	tsist'erna
beker (de)	კათხა	k'atkha
kopje (het)	ფინჯანი	pinjani
schoteltje (het)	ლამბაქი	lambaki
glas (het)	ჭიქა	ch'ika
wijnglas (het)	ბოკალი	bok'ali
steelpan (de)	ქვაბი	kvabi
fles (de)	ბოთლი	botli
flessenhals (de)	ყელი	qeli
karaf (de)	გრაფინი	grapini
kruik (de)	დოქი	doki
vat (het)	ჭურჭელი	ch'urch'eli
pot (de)	ქოთანი	kotani
vaas (de)	ლარნაკი	larnak'i
flacon (de)	ფლაკონი	plak'oni
flesje (het)	შუშა	shusha
tube (bijv. ~ tandpasta)	ტუბი	t'ubi
zak (bijv. ~ aardappelen)	ტომარა	t'omara
tasje (het)	პაკეტი	p'ak'et'i
pakje (~ sigaretten, enz.)	შეკვრა	shek'vra
doos (de)	კოლოფი	k'olopi
kist (de)	ყუთი	quti
mand (de)	კალათი	k'alati

MENS

Mens. Het lichaam

24. Hoofd

hoofd (het)	თავი	tavi
gezicht (het)	სახე	sakhe
neus (de)	ცხვირი	tskhviri
mond (de)	პირი	p'iri
oog (het)	თვალი	tvali
ogen (mv.)	თვალები	tvalebi
pupil (de)	გუგა	guga
wenkbrauw (de)	წარბი	ts'arbi
wimper (de)	წამწამი	ts'amts'ami
ooglid (het)	ქუთუთო	kututo
tong (de)	ენა	ena
tand (de)	კბილი	k'bili
lippen (mv.)	ტუჩები	t'uchebi
jukbeenderen (mv.)	ყვრიმალები	qvrimalebi
tandvlees (het)	ღრძილი	ghrdzili
gehemelte (het)	სასა	sasa
neusgaten (mv.)	ნესტოები	nest'oebi
kin (de)	ნიკაპი	nik'ap'i
kaak (de)	ყბა	qba
wang (de)	ლოყა	loqa
voorhoofd (het)	შუბლი	shubli
slaap (de)	საფეთქელი	sapetkeli
oor (het)	ყური	quri
achterhoofd (het)	კეფა	k'epa
hals (de)	კისერი	k'iseri
keel (de)	ყელი	qeli
haren (mv.)	თმები	tmebi
kapsel (het)	ვარცხნილობა	vartskhniloba
haarsnit (de)	შეკრეჭილი თმა	shek'rech'ili tma
pruik (de)	პარიკი	p'arik'i
snor (de)	ულვაშები	ulvashebi
baard (de)	წვერი	ts'veri
dragen (een baard, enz.)	ტარება	t'areba
vlecht (de)	ნაწნავი	nats'navi
bakkebaarden (mv.)	ბაკენბარდები	bak'enbardebi
ros (roodachtig, rossig)	წითური	ts'ituri
grijs (~ haar)	ჭაღარა	ch'aghara

kaal (bn)	მელოტი	melot'i
kale plek (de)	მელოტი	melot'i
paardenstaart (de)	კუდი	k'udi
pony (de)	შუბლზე შეჭრილი თმა	shublze shech'rili tma

25. Menselijk lichaam

hand (de)	მტევანი	mt'evani
arm (de)	მკლავი	mk'lavi
vinger (de)	თითი	titi
duim (de)	ცერა თითი	tsera titi
pink (de)	ნეკი	nek'i
nagel (de)	ფრჩხილი	prchkhili
vuist (de)	მუშტი	musht'i
handpalm (de)	ხელისგული	khelisguli
pols (de)	მაჯა	maja
voorarm (de)	წინამხარი	ts'inamkhari
elleboog (de)	იდაყვი	idaqvi
schouder (de)	მხარი	mkhari
been (rechter ~)	ფეხი	pekhi
voet (de)	ტერფი	t'erpi
knie (de)	მუხლი	mukhli
kuit (de)	წვივი	ts'vivi
heup (de)	თეძო	tedzo
hiel (de)	ქუსლი	kusli
lichaam (het)	ტანი	t'ani
buik (de)	მუცელი	mutseli
borst (de)	მკერდი	mk'erdi
borst (de)	მკერდი	mk'erdi
zijde (de)	გვერდი	gverdi
rug (de)	ზურგი	zurgi
lage rug (de)	წელი	ts'eli
taille (de)	წელი	ts'eli
navel (de)	ჭიპი	ch'ip'i
billen (mv.)	დუნდულები	dundulebi
achterwerk (het)	საჯდომი	sajdomi
huidvlek (de)	ხალი	khali
tatoeage (de)	ტატუირება	t'at'uireba
litteken (het)	ნაიარევი	naiarevi

Kleding en accessoires

26. Bovenkleding. Jassen

kleren (mv.), kleding (de)	ტანსაცმელი	t'ansatsmeli
bovenkleding (de)	ზედა ტანსაცმელი	zeda t'ansatsmeli
winterkleding (de)	ზამთრის ტანსაცმელი	zamtris t'ansatsmeli
jas (de)	პალტო	p'alt'o
bontjas (de)	ქურქი	kurki
bontjasje (het)	ჯუბაჩა	jubacha
donzen jas (de)	ყურთუკი	qurtuk'i
jasje (bijv. een leren ~)	ქურთუკი	kurtuk'i
regenjas (de)	ლაბადა	labada
waterdicht (bn)	ულტობი	ult'obi

27. Heren & dames kleding

overhemd (het)	პერანგი	p'erangi
broek (de)	შარვალი	sharvali
jeans (de)	ჯინსი	jinsi
colbert (de)	პიჯაკი	p'ijak'i
kostuum (het)	კოსტიუმი	k'ost'iumi
jurk (de)	კაბა	k'aba
rok (de)	ბოლოკაბა	bolok'aba
blouse (de)	ბლუზა	bluza
wollen vest (de)	კოფთა	k'opta
blazer (kort jasje)	ჟაკეტი	zhak'et'i
T-shirt (het)	მაისური	maisuri
shorts (mv.)	შორტი	short'i
trainingspak (het)	სპორტული კოსტიუმი	sp'ort'uli k'ost'iumi
badjas (de)	ხალათი	khalati
pyjama (de)	პიჟამო	p'izhamo
sweater (de)	სვიტრი	svit'ri
pullover (de)	პულოვერი	p'uloveri
gilet (het)	ჟილეტი	zhilet'i
rokkostuum (het)	ფრაკი	prak'i
smoking (de)	სმოკინგი	smok'ingi
uniform (het)	ფორმა	porma
werkkleding (de)	სამუშაო ტანსაცმელი	samushao t'ansatsmeli
overall (de)	კომბინეზონი	k'ombinezoni
doktersjas (de)	ხალათი	khalati

28. Kleding. Ondergoed

ondergoed (het)	საცვალი	satsvali
onderhemd (het)	მაისური	maisuri
sokken (mv.)	წინდები	ts'indebi
nachthemd (het)	ღამის პერანგი	ghamis p'erangi
beha (de)	ბიუსტჰალტერი	biust'halt'eri
kniekousen (mv.)	გოლფი-წინდები	golpi-ts'indebi
panty (de)	კოლგოტი	k'olgot'i
nylonkousen (mv.)	ყელიანი წინდები	qeliani ts'indebi
badpak (het)	საბანაო კოსტიუმი	sabanao k'ost'iumi

29. Hoofddeksels

hoed (de)	ქუდი	kudi
deukhoed (de)	ქუდი	kudi
honkbalpet (de)	ბეისბოლის კეპი	beisbolis k'ep'i
kleppet (de)	კეპი	k'ep'i
baret (de)	ბერეტი	beret'i
kap (de)	კაპიუშონი	k'ap'iushoni
panamahoed (de)	პანამა	p'anama
gebreide muts (de)	ნაქსოვი ქუდი	naksovi kudi
hoofddoek (de)	თავსაფარი	tavsapari
dameshoed (de)	ქუდი	kudi
veiligheidshelm (de)	კასკა	k'ask'a
veldmuts (de)	პილოტურა	p'ilot'ura
helm, valhelm (de)	ჩაფხუტი	chapkhut'i
bolhoed (de)	ქვაბ-ქუდა	kvab-kuda
hoge hoed (de)	ცილინდრი	tsilindri

30. Schoeisel

schoeisel (het)	ფეხსაცმელი	pekhsatsmeli
schoenen (mv.)	ყელიანი ფეხსაცმელი	qeliani pekhsatsmeli
vrouwenschoenen (mv.)	ტუფლი	t'upli
laarzen (mv.)	ჩექმები	chekmebi
pantoffels (mv.)	ჩუსტები	chust'ebi
sportschoenen (mv.)	ფეხსაცმელი	pekhsatsmeli
sneakers (mv.)	კედი	k'edi
sandalen (mv.)	სანდლები	sandlebi
schoenlapper (de)	მეჩექმე	mechekme
hiel (de)	ქუსლი	kusli
paar (een ~ schoenen)	წყვილი	ts'qvili
veter (de)	ზონარი	zonari

rijgen (schoenen ~)	ზონრით შეკვრა	zonrit shek'vra
schoenlepel (de)	საშველი	sashveli
schoensmeer (de/het)	ფეხსაცმლის კრემი	pekhsatsmlis k'remi

31. Persoonlijke accessoires

handschoenen (mv.)	ხელთათმანები	kheltatmanebi
wanten (mv.)	ხელთათმანი	kheltatmani
sjaal (fleece ~)	კაშნი	k'ashni
bril (de)	სათვალე	satvale
brilmontuur (het)	ჩარჩო	charcho
paraplu (de)	ქოლგა	kolga
wandelstok (de)	ხელჯოხი	kheljokhi
haarborstel (de)	თმის ჯაგრისი	tmis jagrisi
waaier (de)	მარაო	marao
das (de)	ჰალსტუხი	halst'ukhi
strikje (het)	პეპელა-ჰალსტუხი	p'ep'ela-halst'ukhi
bretels (mv.)	აჭიმი	ach'imi
zakdoek (de)	ცხვირსახოცი	tskhvirsakhotsi
kam (de)	სავარცხელი	savartskheli
haarspeldje (het)	თმის სამაგრი	tmis samagri
schuifspeldje (het)	თმის სარჭი	tmis sarch'i
gesp (de)	ბალთა	balta
broekriem (de)	ქამარი	kamari
draagriem (de)	თასმა	tasma
handtas (de)	ჩანთა	chanta
damestas (de)	ჩანთა	chanta
rugzak (de)	რუკზაკი	ruk'zak'i

32. Kleding. Diversen

mode (de)	მოდა	moda
de mode (bn)	მოდური	moduri
kledingstilist (de)	მოდელიერი	modelieri
kraag (de)	საყელო	saqelo
zak (de)	ჯიბე	jibe
zak- (abn)	ჯიბისა	jibisa
mouw (de)	სახელო	sakhelo
lusje (het)	საკიდარი	sak'idari
gulp (de)	ბარტყი	bart'qi
rits (de)	ელვა-შესაკრავი	elva-shesak'ravi
sluiting (de)	შესაკრავი	shesak'ravi
knoop (de)	ღილი	ghili
knoopsgat (het)	ჩასაღილავი	chasaghilavi
losraken (bijv. knopen)	მოწყვეტა	mots'qvet'a

naaien (kleren, enz.)	კერვა	k'erva
borduren (ww)	ქარგვა	kargva
borduursel (het)	ნაქარგი	nakargi
naald (de)	ნემსი	nemsi
draad (de)	ძაფი	dzapi
naad (de)	ნაკერი	nak'eri
vies worden (ww)	გასვრა	gasvra
vlek (de)	ლაქა	laka
gekreukt raken (ov. kleren)	დაჭმუჭნა	dach'much'na
scheuren (ov.ww.)	გახევა	gakheva
mot (de)	ჩრჩილი	chrchili

33. Persoonlijke verzorging. Schoonheidsmiddelen

tandpasta (de)	კბილის პასტა	k'bilis p'ast'a
tandenborstel (de)	კბილის ჯაგრისი	k'bilis jagrisi
tanden poetsen (ww)	კბილების გახეხვა	k'bilebis gakhekhva
scheermes (het)	სამართებელი	samartebeli
scheerschuim (het)	საპარსი კრემი	sap'arsi k'remi
zich scheren (ww)	პარსვა	p'arsva
zeep (de)	საპონი	sap'oni
shampoo (de)	შამპუნი	shamp'uni
schaar (de)	მაკრატელი	mak'rat'eli
nagelvijl (de)	ფრჩხილის ქლიბი	prchkhilis klibi
nagelknipper (de)	ფრჩხილის საკვნეტი	prchkhilis sak'vnet'i
pincet (het)	პინცეტი	p'intset'i
cosmetica (de)	კოსმეტიკა	k'osmet'ik'a
masker (het)	ნიღაბი	nighabi
manicure (de)	მანიკიური	manik'iuri
manicure doen	მანიკიურის კეთება	manik'iuris k'eteba
pedicure (de)	პედიკიური	p'edik'iuri
cosmetica tasje (het)	კოსმეტიკის ჩანთა	k'osmet'ik'is chanta
poeder (de/het)	პუდრი	p'udri
poederdoos (de)	საპუდრე	sap'udre
rouge (de)	ფერი	peri
parfum (de/het)	სუნამო	sunamo
eau de toilet (de)	ტუალეტის წყალი	t'ualet'is ts'qali
lotion (de)	ლოსიონი	losioni
eau de cologne (de)	ოდეკოლონი	odek'oloni
oogschaduw (de)	ქუთუთოს ჩრდილი	kututos chrdili
oogpotlood (het)	თვალის ფანქარი	tvalis pankari
mascara (de)	ტუში	t'ushi
lippenstift (de)	ტუჩის პომადა	t'uchis p'omada
nagellak (de)	ფრჩხილის ლაქი	prchkhilis laki
haarlak (de)	თმის ლაქი	tmis laki

deodorant (de)	დეზოდორანტი	dezodorant'i
crème (de)	კრემი	k'remi
gezichtscrème (de)	სახის კრემი	sakhis k'remi
handcrème (de)	ხელის კრემი	khelis k'remi
antirimpelcrème (de)	ნაოჭების საწინააღმდეგო კრემი	naoch'ebis sats'inaaghmdego k'remi
dag- (abn)	დღისა	dghisa
nacht- (abn)	ღამისა	ghamisa
tampon (de)	ტამპონი	t'amp'oni
toiletpapier (het)	ტუალეტის ქაღალდი	t'ualet'is kaghaldi
föhn (de)	ფენი	peni

34. Horloges. Klokken

polshorloge (het)	საათი	saati
wijzerplaat (de)	ციფერბლატი	tsiperblat'i
wijzer (de)	ისარი	isari
metalen horlogeband (de)	სამაჯური	samajuri
horlogebandje (het)	თასმა	tasma
batterij (de)	ბატარეა	bat'area
leeg zijn (ww)	დაჯდომა	dajdoma
batterij vervangen	ბატარეის გამოცვლა	bat'areis gamotsvla
wandklok (de)	კედლის საათი	k'edlis saati
zandloper (de)	ქვიშის საათი	kvishis saati
zonnewijzer (de)	მზის საათი	mzis saati
wekker (de)	მაღვიძარა	maghvidzara
horlogemaker (de)	მესაათე	mesaate
repareren (ww)	გარემონტება	garemont'eba

Voedsel. Voeding

35. Voedsel

vlees (het)	ხორცი	khortsi
kip (de)	ქათამი	katami
kuiken (het)	წიწილა	ts'its'ila
eend (de)	იხვი	ikhvi
gans (de)	ბატი	bat'i
wild (het)	ნანადირევი	nanadirevi
kalkoen (de)	ინდაური	indauri
varkensvlees (het)	ღორის ხორცი	ghoris khortsi
kalfsvlees (het)	ხბოს ხორცი	khbos khortsi
schapenvlees (het)	ცხვრის ხორცი	tskhvris khortsi
rundvlees (het)	საქონლის ხორცი	sakonlis khortsi
konijnenvlees (het)	ბოცვერი	botsveri
worst (de)	ძეხვი	dzekhvi
saucijs (de)	სოსისი	sosisi
spek (het)	ბეკონი	bek'oni
ham (de)	ლორი	lori
gerookte achterham (de)	ბარკალი	bark'ali
paté, pastei (de)	პაშტეტი	p'asht'et'i
lever (de)	ღვიძლი	ghvidzli
gehakt (het)	ფარში	parshi
tong (de)	ენა	ena
ei (het)	კვერცხი	k'vertskhi
eieren (mv.)	კვერცხები	k'vertskhebi
eiwit (het)	ცილა	tsila
eigeel (het)	კვერცხის გული	k'vertskhis guli
vis (de)	თევზი	tevzi
zeevruchten (mv.)	ზღვის პროდუქტები	zghvis p'rodukt'ebi
schaaldieren (mv.)	კიბოსნაირნი	k'ibosnairni
kaviaar (de)	ხიზილალა	khizilala
krab (de)	კიბორჩხალა	k'iborchkhala
garnaal (de)	კრევეტი	k'revet'i
oester (de)	ხამანწკა	khamants'k'a
langoest (de)	ლანგუსტი	langust'i
octopus (de)	რვაფეხა	rvapekha
inktvis (de)	კალმარი	k'almari
steur (de)	თართი	tarti
zalm (de)	ორაგული	oraguli
heilbot (de)	პალტუსი	p'alt'usi
kabeljauw (de)	ვირთევზა	virtevza

makreel (de)	სკუმბრია	sk'umbria
tonijn (de)	თინუსი	tinusi
paling (de)	გველთევზა	gveltevza

forel (de)	კალმახი	k'almakhi
sardine (de)	სარდინი	sardini
snoek (de)	ქარიყლაპია	kariqlap'ia
haring (de)	ქაშაყი	kashaqi

brood (het)	პური	p'uri
kaas (de)	ყველი	qveli
suiker (de)	შაქარი	shakari
zout (het)	მარილი	marili

rijst (de)	ბრინჯი	brinji
pasta (de)	მაკარონი	mak'aroni
noedels (mv.)	ატრია	at'ria

boter (de)	კარაქი	k'araki
plantaardige olie (de)	მცენარეული ზეთი	mtsenarueli zeti
zonnebloemolie (de)	მზესუმზირის ზეთი	mzesumziris zeti
margarine (de)	მარგარინი	margarini

olijven (mv.)	ზეითუნი	zeituni
olijfolie (de)	ზეითუნის ზეთი	zeitunis zeti

melk (de)	რძე	rdze
gecondenseerde melk (de)	შესქელებული რძე	sheskelebuli rdze
yoghurt (de)	იოგურტი	iogurt'i
zure room (de)	არაჟანი	arazhani
room (de)	ნაღები	naghebi

mayonaise (de)	მაიონეზი	maionezi
crème (de)	კრემი	k'remi

graan (het)	ბურღული	burghuli
meel (het), bloem (de)	ფქვილი	pkvili
conserven (mv.)	კონსერვები	k'onservebi

maïsvlokken (mv.)	სიმინდის ბურბუშელა	simindis burbushela
honing (de)	თაფლი	tapli
jam (de)	ჯემი	jemi
kauwgom (de)	საღეჭი რეზინი	saghech'i rezini

36. Drankjes

water (het)	წყალი	ts'qali
drinkwater (het)	სასმელი წყალი	sasmeli ts'qali
mineraalwater (het)	მინერალური წყალი	mineraluri ts'qali

zonder gas	უგაზო	ugazo
koolzuurhoudend (bn)	გაზირებული	gazirebuli
bruisend (bn)	გაზიანი	gaziani
IJs (het)	ყინული	qinuli

met ijs	ყინულით	qinulit
alcohol vrij (bn)	უალკოჰოლო	ualk'oholo
alcohol vrije drank (de)	უალკოჰოლო სასმელი	ualk'oholo sasmeli
frisdrank (de)	გამაგრილებელი სასმელი	gamagrilebeli sasmeli
limonade (de)	ლიმონათი	limonati
alcoholische dranken (mv.)	ალკოჰოლიანი სასმელები	alk'oholiani sasmelebi
wijn (de)	ღვინო	ghvino
witte wijn (de)	თეთრი ღვინო	tetri ghvino
rode wijn (de)	წითელი ღვინო	ts'iteli ghvino
likeur (de)	ლიქიორი	likiori
champagne (de)	შამპანური	shamp'anuri
vermout (de)	ვერმუტი	vermut'i
whisky (de)	ვისკი	visk'i
wodka (de)	არაყი	araqi
gin (de)	ჯინი	jini
cognac (de)	კონიაკი	k'oniak'i
rum (de)	რომი	romi
koffie (de)	ყავა	qava
zwarte koffie (de)	შავი ყავა	shavi qava
koffie (de) met melk	რძიანი ყავა	rdziani qava
cappuccino (de)	ნაღებიანი ყავა	naghebiani qava
oploskoffie (de)	ხსნადი ყავა	khsnadi qava
melk (de)	რძე	rdze
cocktail (de)	კოკტეილი	k'ok't'eili
milkshake (de)	რძის კოკტეილი	rdzis k'ok't'eili
sap (het)	წვენი	ts'veni
tomatensap (het)	ტომატის წვენი	t'omat'is ts'veni
sinaasappelsap (het)	ფორთოხლის წვენი	portokhlis ts'veni
vers geperst sap (het)	ახლადგამოწურული წვენი	akhladgamots'uruli ts'veni
bier (het)	ლუდი	ludi
licht bier (het)	ღია ფერის ლუდი	ghia peris ludi
donker bier (het)	მუქი ლუდი	muki ludi
thee (de)	ჩაი	chai
zwarte thee (de)	შავი ჩაი	shavi chai
groene thee (de)	მწვანე ჩაი	mts'vane chai

37. Groenten

groenten (mv.)	ბოსტნეული	bost'neuli
verse kruiden (mv.)	მწვანილი	mts'vanili
tomaat (de)	პომიდორი	p'omidori
augurk (de)	კიტრი	k'it'ri
wortel (de)	სტაფილო	st'apilo
aardappel (de)	კარტოფილი	k'art'opili
ui (de)	ხახვი	khakhvi

knoflook (de)	ნიორი	niori
kool (de)	კომბოსტო	k'ombost'o
bloemkool (de)	ყვავილოვანი კომბოსტო	qvavilovani k'ombost'o
spruitkool (de)	ბრიუსელის კომბოსტო	briuselis k'ombost'o
broccoli (de)	კომბოსტო ბროკოლი	k'ombost'o brok'oli
rode biet (de)	ჭარხალი	ch'arkhali
aubergine (de)	ბადრიჯანი	badrijani
courgette (de)	ყაბაყი	qabaqi
pompoen (de)	გოგრა	gogra
raap (de)	თალგამი	talgami
peterselie (de)	ოხრახუში	okhrakhushi
dille (de)	კამა	k'ama
sla (de)	სალათი	salati
selderij (de)	ნიახური	niakhuri
asperge (de)	სატაცური	sat'atsuri
spinazie (de)	ისპანახი	isp'anakhi
erwt (de)	ბარდა	barda
bonen (mv.)	პარკები	p'ark'ebi
maïs (de)	სიმინდი	simindi
boon (de)	ლობიო	lobio
peper (de)	წიწაკა	ts'its'ak'a
radijs (de)	ბოლოკი	bolok'i
artisjok (de)	არტიშოკი	art'ishok'i

38. Vruchten. Noten

vrucht (de)	ხილი	khili
appel (de)	ვაშლი	vashli
peer (de)	მსხალი	mskhali
citroen (de)	ლიმონი	limoni
sinaasappel (de)	ფორთოხალი	portokhali
aardbei (de)	მარწყვი	marts'qvi
mandarijn (de)	მანდარინი	mandarini
pruim (de)	ქლიავი	kliavi
perzik (de)	ატამი	at'ami
abrikoos (de)	გარგარი	gargari
framboos (de)	ჟოლო	zholo
ananas (de)	ანანასი	ananasi
banaan (de)	ბანანი	banani
watermeloen (de)	საზამთრო	sazamtro
druif (de)	ყურძენი	qurdzeni
zure kers (de)	ალუბალი	alubali
zoete kers (de)	ბალი	bali
meloen (de)	ნესვი	nesvi
grapefruit (de)	გრეიფრუტი	greiprut'i
avocado (de)	ავოკადო	avok'ado
papaja (de)	პაპაია	p'ap'aia

mango (de)	მანგო	mango
granaatappel (de)	ბროწეული	brots'euli
rode bes (de)	წითელი მოცხარი	ts'iteli motskhari
zwarte bes (de)	შავი მოცხარი	shavi motskhari
kruisbes (de)	ხურტკმელი	khurt'k'meli
bosbes (de)	მოცვი	motsvi
braambes (de)	მაყვალი	maqvali
rozijn (de)	ქიშმიში	kishmishi
vijg (de)	ლეღვი	leghvi
dadel (de)	ფინიკი	pinik'i
pinda (de)	მიწის თხილი	mits'is tkhili
amandel (de)	ნუში	nushi
walnoot (de)	კაკალი	k'ak'ali
hazelnoot (de)	თხილი	tkhili
kokosnoot (de)	ქოქოსის კაკალი	kokosis k'ak'ali
pistaches (mv.)	ფსტა	pst'a

39. Brood. Snoep

suikerbakkerij (de)	საკონდიტრო ნაწარმი	sak'ondit'ro nats'armi
brood (het)	პური	p'uri
koekje (het)	ნამცხვარი	namtskhvari
chocolade (de)	შოკოლადი	shok'oladi
chocolade- (abn)	შოკოლადისა	shok'oladisa
snoepje (het)	კანფეტი	k'anpet'i
cakeje (het)	ტკბილღვეზელა	t'k'bilghvezela
taart (bijv. verjaardags~)	ტორტი	t'ort'i
pastei (de)	ღვეზელი	ghvezeli
vulling (de)	შიგთავსი	shigtavsi
confituur (de)	მურაბა	muraba
marmelade (de)	მარმელადი	marmeladi
wafel (de)	ვაფლი	vapli
IJsje (het)	ნაყინი	naqini
pudding (de)	პუდინგი	p'udingi

40. Bereide gerechten

gerecht (het)	კერძი	k'erdzi
keuken (bijv. Franse ~)	სამზარეულო	samzareulo
recept (het)	რეცეპტი	retsep't'i
portie (de)	ულუფა	ulupa
salade (de)	სალათი	salati
soep (de)	წვნიანი	ts'vniani
bouillon (de)	ბულიონი	bulioni
boterham (de)	ბუტერბროდი	but'erbrodi

spiegelei (het)	ერბო-კვერცხი	erbo-k'vertskhi
hamburger (de)	ჰამბურგერი	hamburgeri
biefstuk (de)	ბივშტექსი	bivsht'eksi
garnering (de)	გარნირი	garniri
spaghetti (de)	სპაგეტი	sp'aget'i
aardappelpuree (de)	კარტოფილის პიურე	k'art'opilis p'iure
pizza (de)	პიცა	p'itsa
pap (de)	ფაფა	papa
omelet (de)	ომლეტი	omlet'i
gekookt (in water)	მოხარშული	mokharshuli
gerookt (bn)	შებოლილი	shebolili
gebakken (bn)	შემწვარი	shemts'vari
gedroogd (bn)	გამხმარი	gamkhmari
diepvries (bn)	გაყინული	gaqinuli
gemarineerd (bn)	მარინადში ჩადებული	marinadshi chadebuli
zoet (bn)	ტკბილი	t'k'bili
gezouten (bn)	მლაშე	mlashe
koud (bn)	ცივი	tsivi
heet (bn)	ცხელი	tskheli
bitter (bn)	მწარე	mts'are
lekker (bn)	გემრიელი	gemrieli
koken (in kokend water)	ხარშვა	kharshva
bereiden (avondmaaltijd ~)	მზადება	mzadeba
bakken (ww)	შეწვა	shets'va
opwarmen (ww)	გაცხელება	gatskheleba
zouten (ww)	მარილის მოყრა	marilis moqra
peperen (ww)	პილპილის მოყრა	p'ilp'ilis moqra
raspen (ww)	გახეხვა	gakhekhva
schil (de)	ქერქი	kerki
schillen (ww)	ფცქვნა	ptskvna

41. Kruiden

zout (het)	მარილი	marili
gezouten (bn)	მლაშე	mlashe
zouten (ww)	მარილის მოყრა	marilis moqra
zwarte peper (de)	პილპილი	p'ilp'ili
rode peper (de)	წიწაკა	ts'its'ak'a
mosterd (de)	მდოგვი	mdogvi
mierikswortel (de)	პირშუშხა	p'irshushkha
condiment (het)	სანელებელი	sanelebeli
specerij , kruiderij (de)	სუნელი	suneli
saus (de)	სოუსი	sousi
azijn (de)	ძმარი	dzmari
anijs (de)	ანისული	anisuli
basilicum (de)	რეჰანი	rehani

kruidnagel (de)	მიხაკი	mikhak'i
gember (de)	კოჭა	k'och'a
koriander (de)	ქინძი	kindzi
kaneel (de/het)	დარიჩინი	darichini
sesamzaad (het)	ქუნჟუტი	kunzhut'i
laurierblad (het)	დაფნის ფოთოლი	dapnis potoli
paprika (de)	წიწაკა	ts'its'ak'a
komijn (de)	კვლიავი	k'vliavi
saffraan (de)	ზაფრანა	zaprana

42. Maaltijden

eten (het)	საჭმელი	sach'meli
eten (ww)	ჭამა	ch'ama
ontbijt (het)	საუზმე	sauzme
ontbijten (ww)	საუზმობა	sauzmoba
lunch (de)	სადილი	sadili
lunchen (ww)	სადილობა	sadiloba
avondeten (het)	ვახშამი	vakhshami
souperen (ww)	ვახშმობა	vakhshmoba
eetlust (de)	მადა	mada
Eet smakelijk!	გაამოთ!	gaamot!
openen (een fles ~)	გახსნა	gakhsna
morsen (koffie, enz.)	დაღვრა	daghvra
zijn gemorst	დაღვრა	daghvra
koken (water kookt bij 100°C)	დუღილი	dughili
koken (Hoe om water te ~)	ადუღება	adugheba
gekookt (~ water)	ნადუღი	nadughi
afkoelen (koeler maken)	გაგრილება	gagrileba
afkoelen (koeler worden)	გაგრილება	gagrileba
smaak (de)	გემო	gemo
nasmaak (de)	გემო	gemo
volgen een dieet	გახდომა	gakhdoma
dieet (het)	დიეტა	diet'a
vitamine (de)	ვიტამინი	vit'amini
calorie (de)	კალორია	k'aloria
vegetariër (de)	ვეგეტარიანელი	veget'arianeli
vegetarisch (bn)	ვეგეტარიანული	veget'arianuli
vetten (mv.)	ცხიმები	tskhimebi
eiwitten (mv.)	ცილები	tsilebi
koolhydraten (mv.)	ნახშირწყლები	nakhshirts'qlebi
snede (de)	ნაჭერი	nach'eri
stuk (bijv. een ~ taart)	ნაჭერი	nach'eri
kruimel (de)	ნამცეცი	namtsetsi

43. Tafelschikking

lepel (de)	კოვზი	k'ovzi
mes (het)	დანა	dana
vork (de)	ჩანგალი	changali
kopje (het)	ფინჯანი	pinjani
bord (het)	თეფში	tepshi
schoteltje (het)	ლამბაქი	lambaki
servet (het)	ხელსახოცი	khelsakhotsi
tandenstoker (de)	კბილსაჩიჩქნი	k'bilsachichkni

44. Restaurant

restaurant (het)	რესტორანი	rest'orani
koffiehuis (het)	ყავახანა	qavakhana
bar (de)	ბარი	bari
tearoom (de)	ჩაის სალონი	chais saloni
kelner, ober (de)	ოფიციანტი	opitsiant'i
serveerster (de)	ოფიციანტი	opitsiant'i
barman (de)	ბარმენი	barmeni
menu (het)	მენიუ	meniu
wijnkaart (de)	ღვინის ბარათი	ghvinis barati
een tafel reserveren	მაგიდის დაჯავშნა	magidis dajavshna
gerecht (het)	კერძი	k'erdzi
bestellen (eten ~)	შეკვეთა	shek'veta
een bestelling maken	შეკვეთის გაკეთება	shek'vetis gak'eteba
aperitief (de/het)	აპერიტივი	ap'erit'ivi
voorgerecht (het)	საუზმეული	sauzmeuli
dessert (het)	დესერტი	desert'i
rekening (de)	ანგარიში	angarishi
de rekening betalen	ანგარიშის გადახდა	angarishis gadakhda
wisselgeld teruggeven	ხურდის მიცემა	khurdis mitsema
fooi (de)	გასამრჯელო	gasamrjelo

Familie, verwanten en vrienden

45. Persoonlijke informatie. Formulieren

naam (de)	სახელი	sakheli
achternaam (de)	გვარი	gvari
geboortedatum (de)	დაბადების თარიღი	dabadebis tarighi
geboorteplaats (de)	დაბადების ადგილი	dabadebis adgili
nationaliteit (de)	ეროვნება	erovneba
woonplaats (de)	საცხოვრებელი ადგილი	satskhovrebeli adgili
land (het)	ქვეყანა	kveqana
beroep (het)	პროფესია	p'ropesia
geslacht (ov. het vrouwelijk ~)	სქესი	skesi
lengte (de)	სიმაღლე	simaghle
gewicht (het)	წონა	ts'ona

46. Familieleden. Verwanten

moeder (de)	დედა	deda
vader (de)	მამა	mama
zoon (de)	ვაჟიშვილი	vazhishvili
dochter (de)	ქალიშვილი	kalishvili
jongste dochter (de)	უმცროსი ქალიშვილი	umtsrosi kalishvili
jongste zoon (de)	უმცროსი ვაჟიშვილი	umtsrosi vazhishvili
oudste dochter (de)	უფროსი ქალიშვილი	uprosi kalishvili
oudste zoon (de)	უფროსი ვაჟიშვილი	uprosi vazhishvili
broer (de)	ძმა	dzma
zuster (de)	და	da
mama (de)	დედა	deda
papa (de)	მამა	mama
ouders (mv.)	მშობლები	mshoblebi
kind (het)	შვილი	shvili
kinderen (mv.)	შვილები	shvilebi
oma (de)	ბებია	bebia
opa (de)	პაპა	p'ap'a
kleinzoon (de)	შვილიშვილი	shvilishvili
kleindochter (de)	შვილიშვილი	shvilishvili
kleinkinderen (mv.)	შვილიშვილები	shvilishvilebi
oom (de)	ბიძა	bidza
schoonmoeder (de)	სიდედრი	sidedri

schoonvader (de)	მამამთილი	mamamtili
schoonzoon (de)	სიძე	sidze
stiefmoeder (de)	დედინაცვალი	dedinatsvali
stiefvader (de)	მამინაცვალი	maminatsvali
zuigeling (de)	ძუძუმწოვარა ბავშვი	dzudzumts'ovara bavshvi
wiegenkind (het)	ჩვილი	chvili
kleuter (de)	ბიჭუნა	bich'una
vrouw (de)	ცოლი	tsoli
man (de)	ქმარი	kmari
echtgenoot (de)	მეუღლე	meughle
echtgenote (de)	მეუღლე	meughle
gehuwd (mann.)	ცოლიანი	tsoliani
gehuwd (vrouw.)	გათხოვილი	gatkhovili
ongehuwd (mann.)	უცოლშვილო	utsolshvilo
vrijgezel (de)	უცოლშვილო	utsolshvilo
gescheiden (bn)	განქორწინებული	gankorts'inebuli
weduwe (de)	ქვრივი	kvrivi
weduwnaar (de)	ქვრივი	kvrivi
familielid (het)	ნათესავი	natesavi
dichte familielid (het)	ახლო ნათესავი	akhlo natesavi
verre familielid (het)	შორეული ნათესავი	shoreuli natesavi
familieleden (mv.)	ნათესავები	natesavebi
wees (de), weeskind (het)	ობოლი	oboli
voogd (de)	მეურვე	meurve
adopteren (een jongen te ~)	შვილად აყვანა	shvilad aqvana
adopteren (een meisje te ~)	შვილად აყვანა	shvilad aqvana

Geneeskunde

47. Ziekten

ziekte (de)	ავადმყოფობა	avadmqopoba
ziek zijn (ww)	ავადმყოფობა	avadmqopoba
gezondheid (de)	ჯანმრთელობა	janmrteloba
snotneus (de)	სურდო	surdo
angina (de)	ანგინა	angina
verkoudheid (de)	გაცივება	gatsiveba
verkouden raken (ww)	გაცივება	gatsiveba
bronchitis (de)	ბრონქიტი	bronkit'i
longontsteking (de)	ფილტვების ანთება	pilt'vebis anteba
griep (de)	გრიპი	grip'i
bijziend (bn)	ახლომხედველი	akhlomkhedveli
verziend (bn)	შორსმხედველი	shorsmkhedveli
scheelheid (de)	სიელმე	sielme
scheel (bn)	ელამი	elami
grauwe staar (de)	კატარაქტა	k'at'arakt'a
glaucoom (het)	გლაუკომა	glauk'oma
beroerte (de)	ინსულტი	insult'i
hartinfarct (het)	ინფარქტი	inparkt'i
myocardiaal infarct (het)	მიოკარდის ინფარქტი	miok'ardis inparkt'i
verlamming (de)	დამბლა	dambla
verlammen (ww)	დამბლის დაცემა	damblis datsema
allergie (de)	ალერგია	alergia
astma (de/het)	ასთმა	astma
diabetes (de)	დიაბეტი	diabet'i
tandpijn (de)	კბილის ტკივილი	k'bilis t'k'ivili
tandbederf (het)	კარიესი	k'ariesi
diarree (de)	დიარეა	diarea
constipatie (de)	კუჭში შეკრულობა	k'uch'shi shek'ruloba
maagstoornis (de)	კუჭის აშლილობა	k'uch'is ashliloba
voedselvergiftiging (de)	მოწამვლა	mots'amvla
voedselvergiftiging oplopen	მოწამვლა	mots'amvla
artritis (de)	ართრიტი	artrit'i
rachitis (de)	რაქიტი	rakit'i
reuma (het)	რევმატიზმი	revmat'izmi
arteriosclerose (de)	ათეროსკლეროზი	aterosk'lerozi
gastritis (de)	გასტრიტი	gast'rit'i
blindedarmontsteking (de)	აპენდიციტი	ap'enditsit'i

galblaasontsteking (de)	ქოლეცისტიტი	koletsist'it'i
zweer (de)	წყლული	ts'qluli

mazelen (mv.)	წითელა	ts'itela
rodehond (de)	წითურა	ts'itura
geelzucht (de)	სიყვითლე	siqvitle
leverontsteking (de)	ჰეპატიტი	hep'at'it'i

schizofrenie (de)	შიზოფრენია	shizoprenia
dolheid (de)	ცოფი	tsopi
neurose (de)	ნევროზი	nevrozi
hersenschudding (de)	ტვინის შერყევა	t'vinis sherqeva

kanker (de)	კიბო	k'ibo
sclerose (de)	სკლეროზი	sk'lerozi
multiple sclerose (de)	გაფანტული სკლეროზი	gapant'uli sk'lerozi

alcoholisme (het)	ალკოჰოლიზმი	alk'oholizmi
alcoholicus (de)	ალკოჰოლიკი	alk'oholik'i
syfilis (de)	სიფილისი	sipilisi
AIDS (de)	შიდსი	shidsi

tumor (de)	სიმსივნე	simsivne
koorts (de)	ციება	tsieba
malaria (de)	მალარია	malaria
gangreen (het)	განგრენა	gangrena
zeeziekte (de)	ზღვის ავადმყოფობა	zghvis avadmqopoba
epilepsie (de)	ეპილეფსია	ep'ilepsia

epidemie (de)	ეპიდემია	ep'idemia
tyfus (de)	ტიფი	t'ipi
tuberculose (de)	ტუბერკულოზი	t'uberk'ulozi
cholera (de)	ქოლერა	kolera
pest (de)	შავი ჭირი	shavi ch'iri

48. Symptomen. Behandelingen. Deel 1

symptoom (het)	სიმპტომი	simp't'omi
temperatuur (de)	სიცხე	sitskhe
verhoogde temperatuur (de)	მაღალი სიცხე	maghali sitskhe
polsslag (de)	პულსი	p'ulsi

duizeling (de)	თავბრუსხვევა	tavbruskhveva
heet (erg warm)	ცხელი	tskheli
koude rillingen (mv.)	შეციება	shetsieba
bleek (bn)	ფერმიხდილი	permikhdili

hoest (de)	ხველა	khvela
hoesten (ww)	ხველება	khveleba
niezen (ww)	ცხვირის ცემინება	tskhviris tsemineba
flauwte (de)	გულის წასვლა	gulis ts'asvla
flauwvallen (ww)	გულის წასვლა	gulis ts'asvla
blauwe plek (de)	ლები	lebi
buil (de)	კოპი	k'op'i

zich stoten (ww)	დაჯახება	dajakheba
kneuzing (de)	დაჟეჟილობა	dazhezhiloba
kneuzen (gekneusd zijn)	დაჟეჟვა	dazhezhva
hinken (ww)	კოჭლობა	k'och'loba
verstuiking (de)	ღრძობა	ghrdzoba
verstuiken (enkel, enz.)	ღრძობა	ghrdzoba
breuk (de)	მოტეხილობა	mot'ekhiloba
een breuk oplopen	მოტეხა	mot'ekha
snijwond (de)	ჭრილობა	ch'riloba
zich snijden (ww)	გაჭრა	gach'ra
bloeding (de)	სისხლდენა	siskhldena
brandwond (de)	დამწვრობა	damts'vroba
zich branden (ww)	დაწვა	dats'va
prikken (ww)	ჩხვლეტა	chkhvlet'a
zich prikken (ww)	ჩხვლეტა	chkhvlet'a
blesseren (ww)	დაზიანება	dazianeba
blessure (letsel)	დაზიანება	dazianeba
wond (de)	ჭრილობა	ch'riloba
trauma (het)	ტრავმა	t'ravma
IJlen (ww)	ბოდვა	bodva
stotteren (ww)	ბორძიკით ლაპარაკი	bordzik'it lap'arak'i
zonnesteek (de)	მზის დაკვრა	mzis dak'vra

49. Symptomen. Behandelingen. Deel 2

pijn (de)	ტკივილი	t'k'ivili
splinter (de)	ხიწვი	khits'vi
zweet (het)	ოფლი	opli
zweten (ww)	გაოფლიანება	gaoplianeba
braking (de)	პირღებინება	p'irghebineba
stuiptrekkingen (mv.)	კრუნჩხვები	k'runchkhvebi
zwanger (bn)	ორსული	orsuli
geboren worden (ww)	დაბადება	dabadeba
geboorte (de)	მშობიარობა	mshobiaroba
baren (ww)	გაჩენა	gachena
abortus (de)	აბორტი	abort'i
ademhaling (de)	სუნთქვა	suntkva
inademing (de)	შესუნთქვა	shesuntkva
uitademing (de)	ამოსუნთქვა	amosuntkva
uitademen (ww)	ამოსუნთქვა	amosuntkva
inademen (ww)	შესუნთქვა	shesuntkva
invalide (de)	ინვალიდი	invalidi
gehandicapte (de)	ხეიბარი	kheibari
drugsverslaafde (de)	ნარკომანი	nark'omani
doof (bn)	ყრუ	qru

stom (bn)	მუნჯი	munji
doofstom (bn)	ყრუ-მუნჯი	qru-munji
krankzinnig (bn)	გიჟი	gizhi
krankzinnige (man)	გიჟი	gizhi
krankzinnige (vrouw)	გიჟი	gizhi
krankzinnig worden	ჭკუაზე შეშლა	ch'k'uaze sheshla
gen (het)	გენი	geni
immuniteit (de)	იმუნიტეტი	imunit'et'i
erfelijk (bn)	მემკვიდრეობითი	memk'vidreobiti
aangeboren (bn)	თანდაყოლილი	tandaqolili
virus (het)	ვირუსი	virusi
microbe (de)	მიკრობი	mik'robi
bacterie (de)	ბაქტერია	bakt'eria
infectie (de)	ინფექცია	inpektsia

50. Symptomen. Behandelingen. Deel 3

ziekenhuis (het)	საავადმყოფო	saavadmqopo
patiënt (de)	პაციენტი	p'atsient'i
diagnose (de)	დიაგნოზი	diagnozi
genezing (de)	მკურნალობა	mk'urnaloba
onder behandeling zijn	მკურნალობა	mk'urnaloba
behandelen (ww)	მკურნალობა	mk'urnaloba
zorgen (zieken ~)	მოვლა	movla
ziekenzorg (de)	მოვლა	movla
operatie (de)	ოპერაცია	op'eratsia
verbinden (een arm ~)	შეხვევა	shekhveva
verband (het)	სახვევი	sakhvevi
vaccin (het)	აცრა	atsra
inenten (vaccineren)	აცრის გაკეთება	atsris gak'eteba
injectie (de)	ნემსი	nemsi
een injectie geven	ნემსის გაკეთება	nemsis gak'eteba
aanval (de)	შეტევა	shet'eva
amputatie (de)	ამპუტაცია	amp'ut'atsia
amputeren (ww)	ამპუტირება	amp'ut'ireba
coma (het)	კომა	k'oma
in coma liggen	კომაში ყოფნა	k'omashi qopna
intensieve zorg, ICU (de)	რეანიმაცია	reanimatsia
zich herstellen (ww)	გამოჯანმრთელება	gamojanmrteleba
toestand (de)	მდგომარეობა	mdgomareoba
bewustzijn (het)	ცნობიერება	tsnobiereba
geheugen (het)	მეხსიერება	mekhsiereba
trekken (een kies ~)	ამოღება	amogheba
vulling (de)	ბჟენი	bzheni
vullen (ww)	დაბჟენა	dabzhena

hypnose (de)	ჰიპნოზი	hip'nozi
hypnotiseren (ww)	ჰიპნოტიზირება	hip'not'izireba

51. Artsen

dokter, arts (de)	ექიმი	ekimi
ziekenzuster (de)	მედდა	medda
lijfarts (de)	პირადი ექიმი	p'iradi ekimi
tandarts (de)	დანტისტი	dant'ist'i
oogarts (de)	ოკულისტი	ok'ulist'i
therapeut (de)	თერაპევტი	terap'evt'i
chirurg (de)	ქირურგი	kirurgi
psychiater (de)	ფსიქიატრი	psikiat'ri
pediater (de)	პედიატრი	p'ediat'ri
psycholoog (de)	ფსიქოლოგი	psikologi
gynaecoloog (de)	გინეკოლოგი	ginek'ologi
cardioloog (de)	კარდიოლოგი	k'ardiologi

52. Geneeskunde. Medicijnen. Accessoires

geneesmiddel (het)	წამალი	ts'amali
middel (het)	საშუალება	sashualeba
voorschrijven (ww)	გამოწერა	gamots'era
recept (het)	რეცეპტი	retsep't'i
tablet (de/het)	აბი	abi
zalf (de)	მალამო	malamo
ampul (de)	ამპულა	amp'ula
drank (de)	მიქსტურა	mikst'ura
siroop (de)	სიროფი	siropi
pil (de)	აბი	abi
poeder (de/het)	ფხვნილი	pkhvnili
verband (het)	ბინტი	bint'i
watten (mv.)	ბამბა	bamba
jodium (het)	იოდი	iodi
pleister (de)	ლეიკოპლასტირი	leik'op'last'iri
pipet (de)	პიპეტი	p'ip'et'i
thermometer (de)	სიცხის საზომი	sitskhis sazomi
spuit (de)	შპრიცი	shp'ritsi
rolstoel (de)	ეტლი	et'li
krukken (mv.)	ყავარჯნები	qavarjnebi
pijnstiller (de)	ტკივილგამაყუჩებელი	t'k'ivilgamaquchebeli
laxeermiddel (het)	სასაქმებელი	sasakmebeli
spiritus (de)	სპირტი	sp'irt'i
medicinale kruiden (mv.)	ბალახი	balakhi
kruiden- (abn)	ბალახისა	balakhisa

HET MENSELIJKE LEEFGEBIED

Stad

53. Stad. Het leven in de stad

stad (de)	ქალაქი	kalaki
hoofdstad (de)	დედაქალაქი	dedakalaki
dorp (het)	სოფელი	sopeli
plattegrond (de)	ქალაქის გეგმა	kalakis gegma
centrum (ov. een stad)	ქალაქის ცენტრი	kalakis tsent'ri
voorstad (de)	გარეუბანი	gareubani
voorstads- (abn)	გარეუბნისა	gareubnisa
randgemeente (de)	გარეუბანი	gareubani
omgeving (de)	მიდამოები	midamoebi
blok (huizenblok)	კვარტალი	k'vart'ali
woonwijk (de)	საცხოვრებელი კვარტალი	satskhovrebeli k'vart'ali
verkeer (het)	ქუჩაში მოძრაობა	kuchashi modzraoba
verkeerslicht (het)	შუქნიშანი	shuknishani
openbaar vervoer (het)	ქალაქის ტრანსპორტი	kalakis t'ransp'ort'i
kruispunt (het)	გზაჯვარედინი	gzajvaredini
zebrapad (oversteekplaats)	საქვეითო გადასასვლელი	sakveito gadasasvleli
onderdoorgang (de)	მიწისქვეშა გადასასვლელი	mits'iskvesha gadasasvleli
oversteken (de straat ~)	გადასვლა	gadasvla
voetganger (de)	ფეხით მოსიარულე	pekhit mosiarule
trottoir (het)	ტროტუარი	t'rot'uari
brug (de)	ხიდი	khidi
dijk (de)	სანაპირო	sanap'iro
allee (de)	ხეივანი	kheivani
park (het)	პარკი	p'ark'i
boulevard (de)	ბულვარი	bulvari
plein (het)	მოედანი	moedani
laan (de)	გამზირი	gamziri
straat (de)	ქუჩა	kucha
zijstraat (de)	შესახვევი	shesakhvevi
doodlopende straat (de)	ჩიხი	chikhi
huis (het)	სახლი	sakhli
gebouw (het)	შენობა	shenoba
wolkenkrabber (de)	ცათამბჯენი	tsatambjeni
gevel (de)	ფასადი	pasadi
dak (het)	სახურავი	sakhuravi

venster (het)	ფანჯარა	panjara
boog (de)	თაღი	taghi
pilaar (de)	სვეტი	svet'i
hoek (ov. een gebouw)	კუთხე	k'utkhe

vitrine (de)	ვიტრინა	vit'rina
gevelreclame (de)	აბრა	abra
affiche (de/het)	აფიშა	apisha
reclameposter (de)	სარეკლამო პლაკატი	sarek'lamo p'lak'at'i
aanplakbord (het)	სარეკლამო ფარი	sarek'lamo pari

vuilnis (de/het)	ნაგავი	nagavi
vuilnisbak (de)	ურნა	urna
afval weggooien (ww)	მონაგვიანება	monagvianeba
stortplaats (de)	ნაგავსაყრელი	nagavsaqreli

telefooncel (de)	სატელეფონო ჯიხური	sat'elepono jikhuri
straatlicht (het)	ფარნის ბოძი	parnis bodzi
bank (de)	სკამი	sk'ami

politieagent (de)	პოლიციელი	p'olitsieli
politie (de)	პოლიცია	p'olitsia
zwerver (de)	მათხოვარი	matkhovari
dakloze (de)	უსახლკარო	usakhlk'aro

54. Stedelijke instellingen

winkel (de)	მაღაზია	maghazia
apotheek (de)	აფთიაქი	aptiaki
optiek (de)	ოპტიკა	op't'ik'a
winkelcentrum (het)	სავაჭრო ცენტრი	savach'ro tsent'ri
supermarkt (de)	სუპერმარკეტი	sup'ermark'et'i

bakkerij (de)	საფუნთუშე	sapuntushe
bakker (de)	მცხობელი	mtskhobeli
banketbakkerij (de)	საკონდიტრო	sak'ondit'ro
kruidenier (de)	საბაყლო	sabaqlo
slagerij (de)	საყასბე	saqasbe

groentewinkel (de)	ბოსტნეულის დუქანი	bost'neulis dukani
markt (de)	ბაზარი	bazari

koffiehuis (het)	ყავახანა	qavakhana
restaurant (het)	რესტორანი	rest'orani
bar (de)	ლუდხანა	ludkhana
pizzeria (de)	პიცერია	p'itseria

kapperssalon (de/het)	საპარიკმახერო	sap'arik'makhero
postkantoor (het)	ფოსტა	post'a
stomerij (de)	ქიმწმენდა	kimts'menda
fotostudio (de)	ფოტოატელიე	pot'oat'elie

schoenwinkel (de)	ფეხსაცმლის მაღაზია	pekhsatsmlis maghazia
boekhandel (de)	წიგნების მაღაზია	ts'ignebis maghazia

sportwinkel (de)	სპორტული მაღაზია	sp'ort'uli maghazia
kledingreparatie (de)	ტანსაცმლის შეკეთება	t'ansatsmlis shek'eteba
kledingverhuur (de)	ტანსაცმლის გაქირავება	t'ansatsmlis gakiraveba
videotheek (de)	ფილმების გაქირავება	pilmebis gakiraveba
circus (de/het)	ცირკი	tsirk'i
dierentuin (de)	ზოოპარკი	zoop'ark'i
bioscoop (de)	კინოთეატრი	k'inoteat'ri
museum (het)	მუზეუმი	muzeumi
bibliotheek (de)	ბიბლიოთეკა	bibliotek'a
theater (het)	თეატრი	teat'ri
opera (de)	ოპერა	op'era
nachtclub (de)	ღამის კლუბი	ghamis k'lubi
casino (het)	სამორინე	samorine
moskee (de)	მეჩეთი	mecheti
synagoge (de)	სინაგოგა	sinagoga
kathedraal (de)	ტაძარი	t'adzari
tempel (de)	ტაძარი	t'adzari
kerk (de)	ეკლესია	ek'lesia
instituut (het)	ინსტიტუტი	inst'it'ut'i
universiteit (de)	უნივერსიტეტი	universit'et'i
school (de)	სკოლა	sk'ola
gemeentehuis (het)	პრეფექტურა	p'repekt'ura
stadhuis (het)	მერია	meria
hotel (het)	სასტუმრო	sast'umro
bank (de)	ბანკი	bank'i
ambassade (de)	საელჩო	saelcho
reisbureau (het)	ტურისტული სააგენტო	t'urist'uli saagent'o
informatieloket (het)	ცნობათა ბიურო	tsnobata biuro
wisselkantoor (het)	გაცვლითი პუნქტი	gatsvliti p'unkt'i
metro (de)	მეტრო	met'ro
ziekenhuis (het)	საავადმყოფო	saavadmqopo
benzinestation (het)	ბენზინგასამართი სადგური	benzingasamarti sadguri
parking (de)	ავტოსადგომი	avt'osadgomi

55. Borden

gevelreclame (de)	აბრა	abra
opschrift (het)	წარწერა	ts'arts'era
poster (de)	პლაკატი	p'lak'at'i
wegwijzer (de)	მაჩვენებელი	machvenebeli
pijl (de)	ისარი	isari
waarschuwing (verwittiging)	გაფრთხილება	gaprtkhileba
waarschuwingsbord (het)	გაფრთხილება	gaprtkhileba
waarschuwen (ww)	გაფრთხილება	gaprtkhileba
vrije dag (de)	დასვენების დღე	dasvenebis dghe

dienstregeling (de)	განრიგი	ganrigi
openingsuren (mv.)	სამუშაო საათები	samushao saatebi

WELKOM!	კეთილი იყოს თქვენი მობრძანება!	k'etili iqos tkveni mobrdzaneba!
INGANG	შესასვლელი	shesasvleli
UITGANG	გასასვლელი	gasasvleli

DUWEN	თქვენგან	tkvengan
TREKKEN	თქვენსკენ	tkvensk'en
OPEN	ღიაა	ghiaa
GESLOTEN	დაკეტილია	dak'et'ilia

DAMES	ქალებისათვის	kalebisatvis
HEREN	კაცებისათვის	k'atsebisatvis

KORTING	ფასდაკლებები	pasdak'lebebi
UITVERKOOP	გაყიდვა	gaqidva
NIEUW!	სიახლე!	siakhle!
GRATIS	უფასოდ	upasod

PAS OP!	ყურადღება!	quradgheba!
VOLGEBOEKT	ადგილები არ არის	adgilebi ar aris
GERESERVEERD	დარეზერვირებულია	darezervirebulia

ADMINISTRATIE	ადმინისტრაცია	administ'ratsia
ALLEEN VOOR PERSONEEL	მხოლოდ პერსონალისათვის	mkholod p'ersonalisatvis

GEVAARLIJKE HOND	ავი ძაღლი	avi dzaghli
VERBODEN TE ROKEN!	ნუ მოსწევთ!	nu mosts'evt!
NIET AANRAKEN!	ხელით ნუ შეეხებით!	khelit nu sheekhebit!

GEVAARLIJK	საშიშია	sashishia
GEVAAR	საფრთხე	saprtkhe
HOOGSPANNING	მაღალი ძაბვა	maghali dzabva
VERBODEN TE ZWEMMEN	ბანაობა აკრძალულია	banaoba ak'rdzalulia
BUITEN GEBRUIK	არ მუშაობს	ar mushaobs

ONTVLAMBAAR	ცეცხლსაშიშია	tsetskhlsashishia
VERBODEN	აკრძალულია	ak'rdzalulia
DOORGANG VERBODEN	გასვლა აკრძალულია	gasvla ak'rdzalulia
OPGELET PAS GEVERFD	შეღებილია	sheghebilia

56. Stedelijk vervoer

bus, autobus (de)	ავტობუსი	avt'obusi
tram (de)	ტრამვაი	t'ramvai
trolleybus (de)	ტროლეიბუსი	t'roleibusi
route (de)	მარშრუტი	marshrut'i
nummer (busnummer, enz.)	ნომერი	nomeri
rijden met ...	მგზავრობა	mgzavroba
stappen (in de bus ~)	ჩაჯდომა	chajdoma

afstappen (ww)	ჩამოსვლა	chamosvla
halte (de)	გაჩერება	gachereba
volgende halte (de)	შემდეგი გაჩერება	shemdegi gachereba
eindpunt (het)	ბოლო გაჩერება	bolo gachereba
dienstregeling (de)	განრიგი	ganrigi
wachten (ww)	ლოდინი	lodini
kaartje (het)	ბილეთი	bileti
reiskosten (de)	ბილეთის ღირებულება	biletis ghirebuleba
kassier (de)	მოლარე	molare
kaartcontrole (de)	კონტროლი	k'ont'roli
controleur (de)	კონტროლიორი	k'ont'roliori
te laat zijn (ww)	დაგვიანება	dagvianeba
missen (de bus ~)	დაგვიანება	dagvianeba
zich haasten (ww)	აჩქარება	achkareba
taxi (de)	ტაქსი	t'aksi
taxichauffeur (de)	ტაქსისტი	t'aksist'i
met de taxi (bw)	ტაქსით	t'aksit
taxistandplaats (de)	ტაქსის სადგომი	t'aksis sadgomi
een taxi bestellen	ტაქსის გამოძახება	t'aksis gamodzakheba
een taxi nemen	ტაქსის აყვანა	t'aksis aqvana
verkeer (het)	ქუჩაში მოძრაობა	kuchashi modzraoba
file (de)	საცობი	satsobi
spitsuur (het)	პიკის საათები	p'ik'is saatebi
parkeren (on.ww.)	პარკირება	p'ark'ireba
parkeren (ov.ww.)	პარკირება	p'ark'ireba
parking (de)	სადგომი	sadgomi
metro (de)	მეტრო	met'ro
halte (bijv. kleine treinhalte)	სადგური	sadguri
de metro nemen	მეტროთი მგზავრობა	met'roti mgzavroba
trein (de)	მატარებელი	mat'arebeli
station (treinstation)	ვაგზალი	vagzali

57. Bezienswaardigheden

monument (het)	ძეგლი	dzegli
vesting (de)	ციხე-სიმაგრე	tsikhe-simagre
paleis (het)	სასახლე	sasakhle
kasteel (het)	ციხე-დარბაზი	tsikhe-darbazi
toren (de)	კოშკი	k'oshk'i
mausoleum (het)	მავზოლეუმი	mavzoleumi
architectuur (de)	არქიტექტურა	arkit'ekt'ura
middeleeuws (bn)	შუა საუკუნეებისა	shua sauk'uneebisa
oud (bn)	ძველებური	dzveleburi
nationaal (bn)	ეროვნული	erovnuli
bekend (bn)	ცნობილი	tsnobili
toerist (de)	ტურისტი	t'urist'i
gids (de)	გიდი	gidi

rondleiding (de)	ექსკურსია	eksk'ursia
tonen (ww)	ჩვენება	chveneba
vertellen (ww)	მოთხრობა	motkhroba
vinden (ww)	პოვნა	p'ovna
verdwalen (de weg kwijt zijn)	დაკარგვა	dak'argva
plattegrond (~ van de metro)	სქემა	skema
plattegrond (~ van de stad)	გეგმა	gegma
souvenir (het)	სუვენირი	suveniri
souvenirwinkel (de)	სუვენირების მაღაზია	suvenirebis maghazia
een foto maken (ww)	სურათის გადაღება	suratis gadagheba
zich laten fotograferen	სურათის გადაღება	suratis gadagheba

58. Winkelen

kopen (ww)	ყიდვა	qidva
aankoop (de)	ნაყიდი	naqidi
winkelen (het)	შოპინგი	shop'ingi
open zijn (ov. een winkel, enz.)	მუშაობა	mushaoba
gesloten zijn (ww)	დაკეტვა	dak'et'va
schoeisel (het)	ფეხსაცმელი	pekhsatsmeli
kleren (mv.)	ტანსაცმელი	t'ansatsmeli
cosmetica (de)	კოსმეტიკა	k'osmet'ik'a
voedingswaren (mv.)	პროდუქტები	p'rodukt'ebi
geschenk (het)	საჩუქარი	sachukari
verkoper (de)	გამყიდველი	gamqidveli
verkoopster (de)	გამყიდველი	gamqidveli
kassa (de)	სალარო	salaro
spiegel (de)	სარკე	sark'e
toonbank (de)	დახლი	dakhli
paskamer (de)	მოსაზომი ოთახი	mosazomi otakhi
aanpassen (ww)	მოზომება	mozomeba
passen (ov. kleren)	მორგება	morgeba
bevallen (prettig vinden)	მოწონება	mots'oneba
prijs (de)	ფასი	pasi
prijskaartje (het)	საფასარი	sapasari
kosten (ww)	ღირება	ghireba
Hoeveel?	რამდენი?	ramdeni?
korting (de)	ფასდაკლება	pasdak'leba
niet duur (bn)	საკმაოდ იაფი	sak'maod iapi
goedkoop (bn)	იაფი	iapi
duur (bn)	ძვირი	dzviri
Dat is duur.	ეს ძვირია	es dzviria
verhuur (de)	გაქირავება	gakiraveba
huren (smoking, enz.)	ქირით აღება	kirit agheba

krediet (het)	კრედიტი	k'redit'i
op krediet (bw)	სესხად	seskhad

59. Geld

geld (het)	ფული	puli
ruil (de)	გაცვლა	gatsvla
koers (de)	კურსი	k'ursi
geldautomaat (de)	ბანკომატი	bank'omat'i
muntstuk (de)	მონეტა	monet'a
dollar (de)	დოლარი	dolari
euro (de)	ევრო	evro
lire (de)	ლირა	lira
Duitse mark (de)	მარკა	mark'a
frank (de)	ფრანკი	prank'i
pond sterling (het)	გირვანქა სტერლინგი	girvanka st'erlingi
yen (de)	იენა	iena
schuld (geldbedrag)	ვალი	vali
schuldenaar (de)	მოვალე	movale
uitlenen (ww)	ნისიად მიცემა	nisiad mitsema
lenen (geld ~)	ნისიად აღება	nisiad agheba
bank (de)	ბანკი	bank'i
bankrekening (de)	ანგარიში	angarishi
op rekening storten	ანგარიშზე დადება	angarishze dadeba
opnemen (ww)	ანგარიშიდან მოხსნა	angarishidan mokhsna
kredietkaart (de)	საკრედიტო ბარათი	sak'redit'o barati
baar geld (het)	ნაღდი ფული	naghdi puli
cheque (de)	ჩეკი	chek'i
een cheque uitschrijven	ჩეკის გამოწერა	chek'is gamots'era
chequeboekje (het)	ჩეკების წიგნაკი	chek'ebis ts'ignak'i
portefeuille (de)	საფულე	sapule
geldbeugel (de)	საფულე	sapule
safe (de)	სეიფი	seipi
erfgenaam (de)	მემკვიდრე	memk'vidre
erfenis (de)	მემკვიდრეობა	memk'vidreoba
fortuin (het)	ქონება	koneba
huur (de)	იჯარა	ijara
huurprijs (de)	ბინის ქირა	binis kira
huren (huis, kamer)	დაქირავება	dakiraveba
prijs (de)	ფასი	pasi
kostprijs (de)	ღირებულება	ghirebuleba
som (de)	თანხა	tankha
uitgeven (geld besteden)	ხარჯვა	kharjva
kosten (mv.)	ხარჯები	kharjebi

bezuinigen (ww)	დაზოგვა	dazogva
zuinig (bn)	მომჭირნე	momch'irne
betalen (ww)	გადახდა	gadakhda
betaling (de)	საზღაური	sazghauri
wisselgeld (het)	ხურდა	khurda
belasting (de)	გადასახადი	gadasakhadi
boete (de)	ჯარიმა	jarima
beboeten (bekeuren)	დაჯარიმება	dajarimeba

60. Post. Postkantoor

postkantoor (het)	ფოსტა	post'a
post (de)	ფოსტა	post'a
postbode (de)	ფოსტალიონი	post'alioni
openingsuren (mv.)	სამუშაო საათები	samushao saatebi
brief (de)	წერილი	ts'erili
aangetekende brief (de)	დაზღვეული წერილი	dazghveuli ts'erili
briefkaart (de)	ღია ბარათი	ghia barati
telegram (het)	დეპეშა	dep'esha
postpakket (het)	ამანათი	amanati
overschrijving (de)	ფულადი გზავნილი	puladi gzavnili
ontvangen (ww)	მიღება	migheba
sturen (zenden)	გაგზავნა	gagzavna
verzending (de)	გაგზავნა	gagzavna
adres (het)	მისამართი	misamarti
postcode (de)	ინდექსი	indeksi
verzender (de)	გამგზავნი	gamgzavni
ontvanger (de)	მიმღები	mimghebi
naam (de)	სახელი	sakheli
achternaam (de)	გვარი	gvari
tarief (het)	ტარიფი	t'aripi
standaard (bn)	ჩვეულებრივი	chveulebrivi
zuinig (bn)	ეკონომიური	ek'onomiuri
gewicht (het)	წონა	ts'ona
afwegen (op de weegschaal)	აწონვა	ats'onva
envelop (de)	კონვერტი	k'onvert'i
postzegel (de)	მარკა	mark'a

Woning. Huis. Thuis

61. Huis. Elektriciteit

elektriciteit (de)	ელექტრობა	elekt'roba
lamp (de)	ნათურა	natura
schakelaar (de)	ამომრთველი	amomrtveli
zekering (de)	საცობი	satsobi
draad (de)	სადენი	sadeni
bedrading (de)	გაყვანილობა	gaqvaniloba
elektriciteitsmeter (de)	მრიცხველი	mritskhveli
gegevens (mv.)	ჩვენება	chveneba

62. Villa. Herenhuis

landhuisje (het)	ქალაქგარეთა სახლი	kalakgareta sakhli
villa (de)	ვილა	vila
vleugel (de)	ფრთა	prta
tuin (de)	ბაღი	baghi
park (het)	პარკი	p'ark'i
oranjerie (de)	ორანჟერეა	oranzherea
onderhouden (tuin, enz.)	მოვლა	movla
zwembad (het)	აუზი	auzi
gym (het)	სპორტული დარბაზი	sp'ort'uli darbazi
tennisveld (het)	ჩოგბურთის კორტი	chogburtis k'ort'i
bioscoopkamer (de)	კინოთეატრი	k'inoteat'ri
garage (de)	ავტოფარეხი	avt'oparekhi
privé-eigendom (het)	კერძო საკუთრება	k'erdzo sak'utreba
eigen terrein (het)	კერძო სამფლობელოები	k'erdzo samplobeloebi
waarschuwing (de)	გაფრთხილება	gaprtkhileba
waarschuwingsbord (het)	გამაფრთხილებელი წარწერა	gamaprtkhilebeli ts'arts'era
bewaking (de)	დაცვა	datsva
bewaker (de)	მცველი	mtsveli
inbraakalarm (het)	სიგნალიზაცია	signalizatsia

63. Appartement

appartement (het)	ბინა	bina
kamer (de)	ოთახი	otakhi
slaapkamer (de)	საწოლი ოთახი	sats'oli otakhi

eetkamer (de)	სასადილო ოთახი	sasadilo otakhi
salon (de)	სასტუმრო ოთახი	sast'umro otakhi
studeerkamer (de)	კაბინეტი	k'abinet'i
gang (de)	წინა ოთახი	ts'ina otakhi
badkamer (de)	სააბაზანო ოთახი	saabazano otakhi
toilet (het)	საპირფარეშო	sap'irparesho
plafond (het)	ჭერი	ch'eri
vloer (de)	იატაკი	iat'ak'i
hoek (de)	კუთხე	k'utkhe

64. Meubels. Interieur

meubels (mv.)	ავეჯი	aveji
tafel (de)	მაგიდა	magida
stoel (de)	სკამი	sk'ami
bed (het)	საწოლი	sats'oli
bankstel (het)	დივანი	divani
fauteuil (de)	სავარძელი	savardzeli
boekenkast (de)	კარადა	k'arada
boekenrek (het)	თარო	taro
kledingkast (de)	კარადა	k'arada
kapstok (de)	საკიდი	sak'idi
staande kapstok (de)	საკიდი	sak'idi
commode (de)	კომოდი	k'omodi
salontafeltje (het)	ჟურნალების მაგიდა	zhurnalebis magida
spiegel (de)	სარკე	sark'e
tapijt (het)	ხალიჩა	khalicha
tapijtje (het)	პატარა ნოხი	p'at'ara nokhi
haard (de)	ბუხარი	bukhari
kaars (de)	სანთელი	santeli
kandelaar (de)	შანდალი	shandali
gordijnen (mv.)	ფარდები	pardebi
behang (het)	შპალერი	shp'aleri
jaloezie (de)	ჟალუზი	zhaluzi
bureaulamp (de)	მაგიდის ლამპა	magidis lamp'a
wandlamp (de)	ლამპარი	lamp'ari
staande lamp (de)	ტორშერი	t'orsheri
luchter (de)	ჭაღი	ch'aghi
poot (ov. een tafel, enz.)	ფეხი	pekhi
armleuning (de)	საიდაყვე	saidaqve
rugleuning (de)	ზურგი	zurgi
la (de)	უჯრა	ujra

65. Beddengoed

beddengoed (het)	თეთრეული	tetreuli
kussen (het)	ბალიში	balishi
kussenovertrek (de)	ბალიშისპირი	balishisp'iri
deken (de)	საბანი	sabani
laken (het)	ზეწარი	zets'ari
sprei (de)	გადასაფარებელი	gadasaparebeli

66. Keuken

keuken (de)	სამზარეულო	samzareulo
gas (het)	აირი	airi
gasfornuis (het)	გაზქურა	gazkura
elektrisch fornuis (het)	ელექტროქურა	elekt'rokura
oven (de)	ფურნაკი	purnak'i
magnetronoven (de)	მიკროტალღოვანი ღუმელი	mik'rot'alghovani ghumeli
koelkast (de)	მაცივარი	matsivari
diepvriezer (de)	საყინულე	saqinule
vaatwasmachine (de)	ჭურჭლის სარეცხი მანქანა	ch'urch'lis saretskhi mankana
vleesmolen (de)	ხორცსაკეპი	khortssak'ep'i
vruchtenpers (de)	წვენსაწური	ts'vensats'uri
toaster (de)	ტოსტერი	t'ost'eri
mixer (de)	მიქსერი	mikseri
koffiemachine (de)	ყავის სახარში	qavis sakharshi
koffiepot (de)	ყავადანი	qavadani
koffiemolen (de)	ყავის საფქვავი	qavis sapkvavi
fluitketel (de)	ჩაიდანი	chaidani
theepot (de)	ჩაიდანი	chaidani
deksel (de/het)	ხუფი	khupi
theezeefje (het)	საწური	sats'uri
lepel (de)	კოვზი	k'ovzi
theelepeltje (het)	ჩაის კოვზი	chais k'ovzi
eetlepel (de)	სადილის კოვზი	sadilis k'ovzi
vork (de)	ჩანგალი	changali
mes (het)	დანა	dana
vaatwerk (het)	ჭურჭელი	ch'urch'eli
bord (het)	თეფში	tepshi
schoteltje (het)	ლამბაქი	lambaki
likeurglas (het)	სირჩა	sircha
glas (het)	ჭიქა	ch'ika
kopje (het)	ფინჯანი	pinjani
suikerpot (de)	საშაქრე	sashakre
zoutvat (het)	სამარილე	samarile
pepervat (het)	საპილპილე	sap'ilp'ile

boterschaaltje (het)	საკარაქე	sak'arake
steelpan (de)	ქვაბი	kvabi
bakpan (de)	ტაფა	t'apa
pollepel (de)	ჩამჩა	chamcha
vergiet (de/het)	თუშფალანგი	tushpalangi
dienblad (het)	ლანგარი	langari
fles (de)	ბოთლი	botli
glazen pot (de)	ქილა	kila
blik (conserven~)	ქილა	kila
flesopener (de)	გასახსნელი	gasakhsneli
blikopener (de)	გასახსნელი	gasakhsneli
kurkentrekker (de)	შტოპორი	sht'op'ori
filter (de/het)	ფილტრი	pilt'ri
filteren (ww)	ფილტვრა	pilt'vra
huisvuil (het)	ნაგავი	nagavi
vuilnisemmer (de)	სანაგვე ვედრო	sanagve vedro

67. Badkamer

badkamer (de)	სააბაზანო ოთახი	saabazano otakhi
water (het)	წყალი	ts'qali
kraan (de)	ონკანი	onk'ani
warm water (het)	ცხელი წყალი	tskheli ts'qali
koud water (het)	ცივი წყალი	tsivi ts'qali
tandpasta (de)	კბილის პასტა	k'bilis p'ast'a
tanden poetsen (ww)	კბილების წმენდა	k'bilebis ts'menda
zich scheren (ww)	პარსვა	p'arsva
scheercrème (de)	საპარსი ქაფი	sap'arsi kapi
scheermes (het)	სამართებელი	samartebeli
wassen (ww)	რეცხვა	retskhva
een bad nemen	დაბანა	dabana
douche (de)	შხაპი	shkhap'i
een douche nemen	შხაპის მიღება	shkhap'is migheba
bad (het)	აბაზანა	abazana
toiletpot (de)	უნიტაზი	unit'azi
wastafel (de)	ნიჟარა	nizhara
zeep (de)	საპონი	sap'oni
zeepbakje (het)	სასაპნე	sasap'ne
spons (de)	ღრუბელი	ghrubeli
shampoo (de)	შამპუნი	shamp'uni
handdoek (de)	პირსახოცი	p'irsakhotsi
badjas (de)	ხალათი	khalati
was (bijv. handwas)	რეცხვა	retskhva
wasmachine (de)	სარეცხი მანქანა	saretskhi mankana

de was doen	თეთრეულის რეცხვა	tetreulis retsvkha
waspoeder (de)	სარეცხი ფხვნილი	saretskhi pkhvnili

68. Huishoudelijke apparaten

televisie (de)	ტელევიზორი	t'elevizori
cassettespeler (de)	მაგნიტოფონი	magnit'oponi
videorecorder (de)	ვიდეომაგნიტოფონი	videomagnit'oponi
radio (de)	მიმღები	mimghebi
speler (de)	ფლეერი	pleeri
videoprojector (de)	ვიდეოპროექტორი	videop'roekt'ori
home theater systeem (het)	სახლის კინოთეატრი	sakhlis k'inoteat'ri
DVD-speler (de)	DVD-საკრავი	DVD-sak'ravi
versterker (de)	გამაძლიერებელი	gamadzlierebeli
spelconsole (de)	სათამაშო მისადგამი	satamasho misadgami
videocamera (de)	ვიდეოკამერა	videok'amera
fotocamera (de)	ფოტოაპარატი	pot'oap'arat'i
digitale camera (de)	ციფრული ფოტოაპარატი	tsipruli pot'oap'arat'i
stofzuiger (de)	მტვერსასრუტი	mt'versasrut'i
strijkijzer (het)	უთო	uto
strijkplank (de)	საუთოებელი დაფა	sautoebeli dapa
telefoon (de)	ტელეფონი	t'eleponi
mobieltje (het)	მობილური ტელეფონი	mobiluri t'eleponi
schrijfmachine (de)	მანქანა	mankana
naaimachine (de)	მანქანა	mankana
microfoon (de)	მიკროფონი	mik'roponi
koptelefoon (de)	საყურისი	saqurisi
afstandsbediening (de)	პულტი	p'ult'i
CD (de)	CD-დისკი	CD-disk'i
cassette (de)	კასეტი	k'aset'i
vinylplaat (de)	ფირფიტა	pirpit'a

MENSELIJKE ACTIVITEITEN

Baan. Business. Deel 1

69. Kantoor. Op kantoor werken

kantoor (het)	ოფისი	opisi
kamer (de)	კაბინეტი	k'abinet'i
receptie (de)	რესეფშენი	resepsheni
secretaris (de)	მდივანი	mdivani
directeur (de)	დირექტორი	direkt'ori
manager (de)	მენეჯერი	menejeri
boekhouder (de)	ბუღალტერი	bughalt'eri
werknemer (de)	თანამშრომელი	tanamshromeli
meubilair (het)	ავეჯი	aveji
tafel (de)	მაგიდა	magida
bureaustoel (de)	სავარძელი	savardzeli
ladeblok (het)	ტუმბა	t'umba
kapstok (de)	საკიდი	sak'idi
computer (de)	კომპიუტერი	k'omp'iut'eri
printer (de)	პრინტერი	p'rint'eri
fax (de)	ფაქსი	paksi
kopieerapparaat (het)	ასლის გადამღები აპარატი	aslis gadamghebi ap'arat'i
papier (het)	ქაღალდი	kaghaldi
kantoorartikelen (mv.)	საკანცელარიო ნივთები	sak'antselario nivtebi
muismat (de)	ქვეშსადები	kveshsadebi
blad (het)	ფურცელი	purtseli
ordner (de)	საქაღალდე	sakaghalde
catalogus (de)	კატალოგი	k'at'alogi
telefoongids (de)	ცნობარი	tsnobari
documentatie (de)	დოკუმენტაცია	dok'ument'atsia
brochure (de)	ბროშურა	broshura
flyer (de)	ფურცელი	purtseli
monster (het), staal (de)	ნიმუში	nimushi
training (de)	ტრენინგი	t'reningi
vergadering (de)	თათბირი	tatbiri
lunchpauze (de)	სასადილო შესვენება	sasadilo shesveneba
een kopie maken	ასლის გაკეთება	aslis gak'eteba
de kopieën maken	გამრავლება	gamravleba
een fax ontvangen	ფაქსის მიღება	paksis migheba
een fax versturen	ფაქსის გაგზავნა	paksis gagzavna
opbellen (ww)	რეკვა	rek'va

antwoorden (ww)	პასუხის გაცემა	p'asukhis gatsema
doorverbinden (ww)	შეერთება	sheerteba
afspreken (ww)	დანიშვნა	danishvna
demonstreren (ww)	დემონსტრირება	demonst'rireba
absent zijn (ww)	არდასწრება	ardasts'reba
afwezigheid (de)	გაცდენა	gatsdena

70. Bedrijfsprocessen. Deel 1

zaak (de), beroep (het)	საქმე	sakme
firma (de)	ფირმა	pirma
bedrijf (maatschap)	კომპანია	k'omp'ania
corporatie (de)	კორპორაცია	k'orp'oratsia
onderneming (de)	საწარმო	sats'armo
agentschap (het)	სააგენტო	saagent'o
overeenkomst (de)	ხელშეკრულება	khelshek'ruleba
contract (het)	კონტრაქტი	k'ont'rakt'i
transactie (de)	გარიგება	garigeba
bestelling (de)	შეკვეთა	shek'veta
voorwaarde (de)	პირობა	p'iroba
in het groot (bw)	ბითუმად	bitumad
groothandels- (abn)	საბითუმო	sabitumo
groothandel (de)	ბითუმად გაყიდვა	bitumad gaqidva
kleinhandels- (abn)	საცალო	satsalo
kleinhandel (de)	ცალობით გაყიდვა	tsalobit gaqidva
concurrent (de)	კონკურენტი	k'onk'urent'i
concurrentie (de)	კონკურენცია	k'onk'urentsia
concurreren (ww)	კონკურენციის გაწევა	k'onk'urentsiis gats'eva
partner (de)	პარტნიორი	p'art'niori
partnerschap (het)	პარტნიორობა	p'art'nioroba
crisis (de)	კრიზისი	k'rizisi
bankroet (het)	გაკოტრება	gak'ot'reba
bankroet gaan (ww)	გაკოტრება	gak'ot'reba
moeilijkheid (de)	სიძნელე	sidznele
probleem (het)	პრობლემა	p'roblema
catastrofe (de)	კატასტროფა	k'at'ast'ropa
economie (de)	ეკონომიკა	ek'onomik'a
economisch (bn)	ეკონომიკური	ek'onomik'uri
economische recessie (de)	ეკონომიკური ვარდნა	ek'onomik'uri vardna
doel (het)	მიზანი	mizani
taak (de)	ამოცანა	amotsana
handelen (handel drijven)	ვაჭრობა	vach'roba
netwerk (het)	ქსელი	kseli
voorraad (de)	საწყობი	sats'qobi
assortiment (het)	ასორტიმენტი	asort'iment'i

leider (de)	ლიდერი	lideri
groot (bn)	მსხვილი	mskhvili
monopolie (het)	მონოპოლია	monop'olia

theorie (de)	თეორია	teoria
praktijk (de)	პრაქტიკა	p'rakt'ik'a
ervaring (de)	გამოცდილება	gamotsdileba
tendentie (de)	ტენდენცია	t'endentsia
ontwikkeling (de)	განვითარება	ganvitareba

71. Bedrijfsprocessen. Deel 2

| voordeel (het) | სარგებლობა | sargebloba |
| voordelig (bn) | სარგებლიანი | sargebliani |

delegatie (de)	დელეგაცია	delegatsia
salaris (het)	ხელფასი	khelpasi
corrigeren (fouten ~)	გამოსწორება	gamosts'oreba
zakenreis (de)	მივლინება	mivlineba
commissie (de)	კომისია	k'omisia

controleren (ww)	კონტროლის გაწევა	k'ont'rolis gats'eva
conferentie (de)	კონფერენცია	k'onperentsia
licentie (de)	ლიცენზია	litsenzia
betrouwbaar (partner, enz.)	საიმედო	saimedo

aanzet (de)	წამოწყება	ts'amots'qeba
norm (bijv. ~ stellen)	ნორმა	norma
omstandigheid (de)	გარემოება	garemoeba
taak, plicht (de)	მოვალეობა	movaleoba

organisatie (bedrijf, zaak)	ორგანიზაცია	organizatsia
organisatie (proces)	ორგანიზება	organizeba
georganiseerd (bn)	ორგანიზებული	organizebuli
afzegging (de)	გაუქმება	gaukmeba
afzeggen (ww)	გაუქმება	gaukmeba
verslag (het)	ანგარიში	angarishi

patent (het)	პატენტი	p'at'ent'i
patenteren (ww)	დაპატენტება	dap'at'ent'eba
plannen (ww)	დაგეგმვა	dagegmva

premie (de)	პრემია	p'remia
professioneel (bn)	პროფესიული	p'ropesiuli
procedure (de)	პროცედურა	p'rotsedura

onderzoeken (contract, enz.)	განხილვა	gankhilva
berekening (de)	ანგარიშსწორება	angarishsts'oreba
reputatie (de)	რეპუტაცია	rep'ut'atsia
risico (het)	რისკი	risk'i

beheren (managen)	ხელმძღვანელობა	khelmdzghvaneloba
informatie (de)	ცნობები	tsnobebi
eigendom (bezit)	საკუთრება	sak'utreba

unie (de)	კავშირი	k'avshiri
levensverzekering (de)	სიცოცხლის დაზღვევა	sitsotskhlis dazghveva
verzekeren (ww)	დაზღვევა	dazghveva
verzekering (de)	დაზღვევა	dazghveva
veiling (de)	საჯარო ვაჭრობა	sajaro vach'roba
verwittigen (ww)	შეტყობინება	shet'qobineba
beheer (het)	მართვა	martva
dienst (de)	სამსახური	samsakhuri
forum (het)	ფორუმი	porumi
functioneren (ww)	ფუნქციონირება	punktsionireba
stap, etappe (de)	ეტაპი	et'ap'i
juridisch (bn)	იურიდიული	iuridiuli
jurist (de)	იურისტი	iurist'i

72. Productie. Werken

industriële installatie (fabriek)	ქარხანა	karkhana
fabriek (de)	ფაბრიკა	pabrik'a
werkplaatsruimte (de)	საამქრო	saamkro
productielocatie (de)	წარმოება	ts'armoeba
industrie (de)	მრეწველობა	mrets'veloba
industrieel (bn)	სამრეწველო	samrets'velo
zware industrie (de)	მძიმე მრეწველობა	mdzime mrets'veloba
lichte industrie (de)	მსუბუქი მრეწველობა	msubuki mrets'veloba
productie (de)	პროდუქცია	p'roduktsia
produceren (ww)	წარმოება	ts'armoeba
grondstof (de)	ნედლეული	nedleuli
voorman, ploegbaas (de)	ბრიგადირი	brigadiri
ploeg (de)	ბრიგადა	brigada
arbeider (de)	მუშა	musha
werkdag (de)	სამუშაო დღე	samushao dghe
pauze (de)	შეჩერება	shechereba
samenkomst (de)	კრება	k'reba
bespreken (spreken over)	განხილვა	gankhilva
plan (het)	გეგმა	gegma
het plan uitvoeren	გეგმის შესრულება	gegmis shesruleba
productienorm (de)	გამომუშავების ნორმა	gamomushavebis norma
kwaliteit (de)	ხარისხი	khariskhi
controle (de)	კონტროლი	k'ont'roli
kwaliteitscontrole (de)	ხარისხის კონტროლი	khariskhis k'ont'roli
arbeidsveiligheid (de)	შრომის უსაფრთხოება	shromis usaprtkhoeba
discipline (de)	დისციპლინა	distsip'lina
overtreding (de)	დარღვევა	darghveva
overtreden (ww)	დარღვევა	darghveva
staking (de)	გაფიცვა	gapitsva
staker (de)	გაფიცული	gapitsuli

staken (ww)	გაფიცვა	gapitsva
vakbond (de)	პროფკავშირი	p'ropk'avshiri

uitvinden (machine, enz.)	გამოგონება	gamogoneba
uitvinding (de)	გამოგონება	gamogoneba
onderzoek (het)	გამოკვლევა	gamok'vleva
verbeteren (beter maken)	გაუმჯობესება	gaumjobeseba
technologie (de)	ტექნოლოგია	t'eknologia
technische tekening (de)	ნახაზი	nakhazi

vracht (de)	ტვირთი	t'virti
lader (de)	მტვირთავი	mt'virtavi
laden (vrachtwagen)	დატვირთვა	dat'virtva
laden (het)	დატვირთვა	dat'virtva
lossen (ww)	დაცლა	datsla
lossen (het)	დაცლა	datsla

transport (het)	ტრანსპორტი	t'ransp'ort'i
transportbedrijf (de)	სატრანსპორტო კომპანია	sat'ransp'ort'o k'omp'ania
transporteren (ww)	ტრანსპორტირება	t'ransp'ort'ireba

goederenwagon (de)	ვაგონი	vagoni
tank (bijv. ketelwagen)	ცისტერნა	tsist'erna
vrachtwagen (de)	სატვირთო მანქანა	sat'virto mankana

machine (de)	დაზგა	dazga
mechanisme (het)	მექანიზმი	mekanizmi

industrieel afval (het)	ნარჩენები	narchenebi
verpakking (de)	შეფუთვა	sheputva
verpakken (ww)	შეფუთვა	sheputva

73. Contract. Overeenstemming

contract (het)	კონტრაქტი	k'ont'rakt'i
overeenkomst (de)	შეთანხმება	shetankhmeba
bijlage (de)	დანართი	danarti

een contract sluiten	კონტრაქტის დადება	k'ont'rakt'is dadeba
handtekening (de)	ხელმოწერა	khelmots'era
ondertekenen (ww)	ხელის მოწერა	khelis mots'era
stempel (de)	ბეჭედი	bech'edi

voorwerp (het) van de overeenkomst	ხელშეკრულების საგანი	khelshek'rulebis sagani
clausule (de)	პუნქტი	p'unkt'i
partijen (mv.)	მხარეები	mkhareebi
vestigingsadres (het)	იურიდიული მისამართი	iuridiuli misamarti

het contract verbreken (overtreden)	კონტრაქტის დარღვევა	k'ont'rakt'is darghveva
verplichting (de)	ვალდებულება	valdebuleba
verantwoordelijkheid (de)	პასუხისმგებლობა	p'asukhismgebloba
overmacht (de)	ფორს-მაჟორი	pors-mazhori

geschil (het)	დავა	dava
sancties (mv.)	საჯარიმო სანქციები	sajarimo sanktsiebi

74. Import & Export

import (de)	იმპორტი	imp'ort'i
importeur (de)	იმპორტიორი	imp'ort'iori
importeren (ww)	იმპორტირება	imp'ort'ireba
import- (abn)	იმპორტული	imp'ort'uli
exporteur (de)	ექსპორტიორი	eksp'ort'iori
exporteren (ww)	ექსპორტირება	eksp'ort'ireba
goederen (mv.)	საქონელი	sakoneli
partij (de)	პარტია	p'art'ia
gewicht (het)	წონა	ts'ona
volume (het)	მოცულობა	motsuloba
kubieke meter (de)	კუბური მეტრი	k'uburi met'ri
producent (de)	მწარმოებელი	mts'armoebeli
transportbedrijf (de)	სატრანსპორტო კომპანია	sat'ransp'ort'o k'omp'ania
container (de)	კონტეინერი	k'ont'eineri
grens (de)	საზღვარი	sazghvari
douane (de)	საბაჟო	sabazho
douanerecht (het)	საბაჟო გადასახადი	sabazho gadasakhadi
douanier (de)	მებაჟე	mebazhe
smokkelen (het)	კონტრაბანდა	k'ont'rabanda
smokkelwaar (de)	კონტრაბანდა	k'ont'rabanda

75. Financiën

aandeel (het)	აქცია	aktsia
obligatie (de)	ობლიგაცია	obligatsia
wissel (de)	თამასუქი	tamasuki
beurs (de)	ბირჟა	birzha
aandelenkoers (de)	აქციების კურსი	aktsiebis k'ursi
dalen (ww)	გაიაფება	gaiapeba
stijgen (ww)	გაძვირება	gadzvireba
meerderheidsbelang (het)	საკონტროლო პაკეტი	sak'ont'rolo p'ak'et'i
investeringen (mv.)	ინვესტიციები	invest'itsiebi
investeren (ww)	ინვესტირება	invest'ireba
procent (het)	პროცენტი	p'rotsent'i
rente (de)	პროცენტები	p'rotsent'ebi
winst (de)	მოგება	mogeba
winstgevend (bn)	მომგებიანი	momgebiani
belasting (de)	გადასახადი	gadasakhadi

valuta (vreemde ~)	ვალუტა	valut'a
nationaal (bn)	ეროვნული	erovnuli
ruil (de)	გაცვლა	gatsvla
boekhouder (de)	ბუღალტერი	bughalt'eri
boekhouding (de)	ბუღალტერია	bughalt'eria
bankroet (het)	გაკოტრება	gak'ot'reba
ondergang (de)	გაკოტრება	gak'ot'reba
faillissement (het)	გაკოტრება	gak'ot'reba
geruïneerd zijn (ww)	გაკოტრება	gak'ot'reba
inflatie (de)	ინფლაცია	inplatsia
devaluatie (de)	დევალვაცია	devalvatsia
kapitaal (het)	კაპიტალი	k'ap'it'ali
inkomen (het)	შემოსავალი	shemosavali
omzet (de)	ბრუნვა	brunva
middelen (mv.)	რესურსები	resursebi
financiële middelen (mv.)	ფულადი სახსრები	puladi sakhsrebi
operationele kosten (mv.)	ზედნადები ხარჯები	zednadebi kharjebi
reduceren (kosten ~)	შემცირება	shemtsireba

76. Marketing

marketing (de)	მარკეტინგი	mark'et'ingi
markt (de)	ბაზარი	bazari
marktsegment (het)	ბაზრის სეგმენტი	bazris segment'i
product (het)	პროდუქტი	p'rodukt'i
goederen (mv.)	საქონელი	sakoneli
handelsmerk (het)	სავაჭრო მარკა	savach'ro mark'a
beeldmerk (het)	საფირმო ნიშანი	sapirmo nishani
logo (het)	ლოგოტიპი	logot'ip'i
vraag (de)	მოთხოვნა	motkhovna
aanbod (het)	შეთავაზება	shetavazeba
behoefte (de)	მოთხოვნილება	motkhovnileba
consument (de)	მომხმარებელი	momkhmarebeli
analyse (de)	ანალიზი	analizi
analyseren (ww)	გაანალიზება	gaanalizeba
positionering (de)	პოზიციონირება	p'ozitsionireba
positioneren (ww)	პოზიციონირება	p'ozitsionireba
prijs (de)	ფასი	pasi
prijspolitiek (de)	ფასების პოლიტიკა	pasebis p'olit'ik'a
prijsvorming (de)	ფასწარმოქმნა	pasts'armokmna

77. Reclame

reclame (de)	რეკლამა	rek'lama
adverteren (ww)	რეკლამირება	rek'lamireba

budget (het)	ბიუჯეტი	biujet'i
advertentie, reclame (de)	რეკლამა	rek'lama
TV-reclame (de)	ტელერეკლამა	t'elerek'lama
radioreclame (de)	რეკლამა რადიოში	rek'lama radioshi
buitenreclame (de)	გარე რეკლამა	gare rek'lama
massamedia (de)	მასობრივი ინფორმაციის საშუალებები	masobrivi inpormatsiis sashualebebi
periodiek (de)	პერიოდული გამოცემა	p'erioduli gamotsema
imago (het)	იმიჯი	imiji
slagzin (de)	ლოზუნგი	lozungi
motto (het)	დევიზი	devizi
campagne (de)	კამპანია	k'amp'ania
reclamecampagne (de)	სარეკლამო კამპანია	sarek'lamo k'amp'ania
doelpubliek (het)	მიზნობრივი აუდიტორია	miznobrivi audit'oria
visitekaartje (het)	სავიზიტო ბარათი	savizit'o barati
flyer (de)	ფურცელი	purtseli
brochure (de)	ბროშურა	broshura
folder (de)	ბუკლეტი	buk'let'i
nieuwsbrief (de)	ბიულეტენი	biulet'eni
gevelreclame (de)	აბრა	abra
poster (de)	პლაკატი	p'lak'at'i
aanplakbord (het)	სარეკლამო ფარი	sarek'lamo pari

78. Bankieren

bank (de)	ბანკი	bank'i
bankfiliaal (het)	განყოფილება	ganqopileba
bankbediende (de)	კონსულტანტი	k'onsult'ant'i
manager (de)	მმართველი	mmartveli
bankrekening (de)	ანგარიში	angarishi
rekeningnummer (het)	ანგარიშის ნომერი	angarishis nomeri
lopende rekening (de)	მიმდინარე ანგარიში	mimdinare angarishi
spaarrekening (de)	დამაგროვებელი ანგარიში	damagrovebeli angarishi
een rekening openen	ანგარიშის გახსნა	angarishis gakhsna
de rekening sluiten	ანგარიშის დახურვა	angarishis dakhurva
op rekening storten	ანგარიშზე დადება	angarishze dadeba
opnemen (ww)	ანგარიშიდან მოხსნა	angarishidan mokhsna
storting (de)	ანაბარი	anabari
een storting maken	ანაბრის გაკეთება	anabris gak'eteba
overschrijving (de)	გზავნილი	gzavnili
een overschrijving maken	გზავნილის გაკეთება	gzavnilis gak'eteba
som (de)	თანხა	tankha
Hoeveel?	რამდენი?	ramdeni?
handtekening (de)	ხელმოწერა	khelmots'era

ondertekenen (ww)	ხელის მოწერა	khelis mots'era
kredietkaart (de)	საკრედიტო ბარათი	sak'redit'o barati
code (de)	კოდი	k'odi
kredietkaartnummer (het)	საკრედიტო ბარათის ნომერი	sak'redit'o baratis nomeri
geldautomaat (de)	ბანკომატი	bank'omat'i
cheque (de)	ჩეკი	chek'i
een cheque uitschrijven	ჩეკის გამოწერა	chek'is gamots'era
chequeboekje (het)	ჩეკების წიგნაკი	chek'ebis ts'ignak'i
lening, krediet (de)	კრედიტი	k'redit'i
een lening aanvragen	კრედიტისათვის მიმართვა	k'redit'isatvis mimartva
een lening nemen	კრედიტის აღება	k'redit'is agheba
een lening verlenen	კრედიტის წარდგენა	k'redit'is ts'ardgena
garantie (de)	გარანტია	garant'ia

79. Telefoon. Telefoongesprek

telefoon (de)	ტელეფონი	t'eleponi
mobieltje (het)	მობილური ტელეფონი	mobiluri t'eleponi
antwoordapparaat (het)	ავტომოპასუხე	avt'omop'asukhe
bellen (ww)	რეკვა	rek'va
belletje (telefoontje)	ზარი	zari
een nummer draaien	ნომრის აკრეფა	nomris ak'repa
Hallo!	ალო!	alo!
vragen (ww)	კითხვა	k'itkhva
antwoorden (ww)	პასუხის გაცემა	p'asukhis gatsema
horen (ww)	სმენა	smena
goed (bw)	კარგად	k'argad
slecht (bw)	ცუდად	tsudad
storingen (mv.)	ხარვეზები	kharvezebi
hoorn (de)	ყურმილი	qurmili
opnemen (ww)	ყურმილის აღება	qurmilis agheba
ophangen (ww)	ყურმილის დადება	qurmilis dadeba
bezet (bn)	დაკავებული	dak'avebuli
overgaan (ww)	რეკვა	rek'va
telefoonboek (het)	სატელეფონო წიგნი	sat'elepono ts'igni
lokaal (bn)	ადგილობრივი	adgilobrivi
interlokaal (bn)	საქალაქთაშორისო	sakalaktashoriso
buitenlands (bn)	საერთაშორისო	saertashoriso

80. Mobiele telefoon

mobieltje (het)	მობილური ტელეფონი	mobiluri t'eleponi
scherm (het)	დისპლეი	disp'lei

toets, knop (de)	ღილაკი	ghilak'i
simkaart (de)	SIM-ბარათი	SIM-barati
batterij (de)	ბატარეა	bat'area
leeg zijn (ww)	განმუხტვა	ganmukht'va
acculader (de)	დასამუხტი მოწყობილობა	dasamukht'i mots'qobiloba
menu (het)	მენიუ	meniu
instellingen (mv.)	აწყობა	ats'qoba
melodie (beltoon)	მელოდია	melodia
selecteren (ww)	არჩევა	archeva
rekenmachine (de)	კალკულატორი	k'alk'ulat'ori
voicemail (de)	ავტომოპასუხე	avt'omop'asukhe
wekker (de)	მაღვიძარა	maghvidzara
contacten (mv.)	სატელეფონო წიგნი	sat'elepono ts'igni
SMS-bericht (het)	SMS-შეტყობინება	SMS-shet'qobineba
abonnee (de)	აბონენტი	abonent'i

81. Schrijfbehoeften

balpen (de)	ავტოკალამი	avt'ok'alami
vulpen (de)	კალამი	k'alami
potlood (het)	ფანქარი	pankari
marker (de)	მარკერი	mark'eri
viltstift (de)	ფლომასტერი	plomast'eri
notitieboekje (het)	ბლოკნოტი	blok'not'i
agenda (boekje)	დღიური	dghiuri
liniaal (de/het)	სახაზავი	sakhazavi
rekenmachine (de)	კალკულატორი	k'alk'ulat'ori
gom (de)	საშლელი	sashleli
punaise (de)	ჭიკარტი	ch'ik'art'i
paperclip (de)	სამაგრი	samagri
lijm (de)	წებო	ts'ebo
nietmachine (de)	სტეპლერი	st'ep'leri
perforator (de)	სახვრეტელა	sakhvret'ela
potloodslijper (de)	სათლელი	satleli

82. Soorten bedrijven

boekhouddiensten (mv.)	საბუღალტრო მომსახურება	sabughalt'ro momsakhureba
reclame (de)	რეკლამა	rek'lama
reclamebureau (het)	სარეკლამო სააგენტო	sarek'lamo saagent'o
airconditioning (de)	კონდიციონერები	k'onditsionerebi
luchtvaartmaatschappij (de)	ავიაკომპანია	aviak'omp'ania
alcoholische dranken (mv.)	სპირტიანი სასმელები	sp'irt'iani sasmelebi
antiek (het)	ანტიკვარიატი	ant'ik'variat'i

kunstgalerie (de)	გალერეა	galerea
audit diensten (mv.)	აუდიტორული მომსახურება	audit'oruli momsakhureba
banken (mv.)	საბანკო ბიზნესი	sabank'o biznesi
bar (de)	ბარი	bari
schoonheidssalon (de/het)	სილამაზის სალონი	silamazis saloni
boekhandel (de)	წიგნების მაღაზია	ts'ignebis maghazia
bierbrouwerij (de)	ლუდსახარში	ludsakharshi
zakencentrum (het)	ბიზნეს-ცენტრი	biznes-tsent'ri
business school (de)	ბიზნეს-სკოლა	biznes-sk'ola
casino (het)	სამორინე	samorine
bouwbedrijven (mv.)	მშენებლობა	msheneblоba
adviesbureau (het)	კონსალტინგი	k'onsalt'ingi
tandheelkunde (de)	სტომატოლოგია	st'omat'ologia
design (het)	დიზაინი	dizaini
apotheek (de)	აფთიაქი	aptiaki
stomerij (de)	ქიმწმენდა	kimts'menda
uitzendbureau (het)	კადრების სააგენტო	k'adrebis saagent'o
financiële diensten (mv.)	საფინანსო მომსახურება	sapinanso momsakhureba
voedingswaren (mv.)	კვების პროდუქტები	k'vebis p'rodukt'ebi
uitvaartcentrum (het)	დამკრძალავი ბიურო	damk'rdzalavi biuro
meubilair (het)	ავეჯი	aveji
kleding (de)	ტანსაცმელი	t'ansatsmeli
hotel (het)	სასტუმრო	sast'umro
IJsje (het)	ნაყინი	naqini
industrie (de)	მრეწველობა	mrets'veloba
verzekering (de)	დაზღვევა	dazghveva
Internet (het)	ინტერნეტი	int'ernet'i
investeringen (mv.)	ინვესტიციები	invest'itsiebi
juwelier (de)	იუველირი	iuveliri
juwelen (mv.)	საიუველირო ნაკეთობები	saiuveliro nak'etobebi
wasserette (de)	სამრეცხაო	samretskhao
juridische diensten (mv.)	იურიდიული მომსახურება	iuridiuli momsakhureba
lichte industrie (de)	მსუბუქი მრეწველობა	msubuki mrets'veloba
tijdschrift (het)	ჟურნალი	zhurnali
postorderbedrijven (mv.)	კატალოგით ვაჭრობა	k'at'alogit vach'roba
medicijnen (mv.)	მედიცინა	meditsina
bioscoop (de)	კინოთეატრი	k'inoteat'ri
museum (het)	მუზეუმი	muzeumi
persbureau (het)	საინფორმაციო სააგენტო	sainpormatsio saagent'o
krant (de)	გაზეთი	gazeti
nachtclub (de)	ღამის კლუბი	ghamis k'lubi
olie (aardolie)	ნავთობი	navtobi
koerierdienst (de)	კურიერის სამსახური	k'urieris samsakhuri
geneesmiddelen (mv.)	ფარმაცევტიკა	parmatsevt'ik'a
drukkerij (de)	პოლიგრაფია	p'oligrapia
uitgeverij (de)	გამომცემლობა	gamomtsemloba

radio (de)	რადიო	radio
vastgoed (het)	უძრავი ქონება	udzravi koneba
restaurant (het)	რესტორანი	rest'orani
bewakingsfirma (de)	დაცვის სააგენტო	datsvis saagent'o
sport (de)	სპორტი	sp'ort'i
handelsbeurs (de)	ბირჟა	birzha
winkel (de)	მაღაზია	maghazia
supermarkt (de)	სუპერმარკეტი	sup'ermark'et'i
zwembad (het)	აუზი	auzi
naaiatelier (het)	ატელიე	at'elie
televisie (de)	ტელევიზია	t'elevizia
theater (het)	თეატრი	teat'ri
handel (de)	ვაჭრობა	vach'roba
transport (het)	გადაზიდვები	gadazidvebi
toerisme (het)	ტურიზმი	t'urizmi
dierenarts (de)	ვეტერინარი	vet'erinari
magazijn (het)	საწყობი	sats'qobi
afvalinzameling (de)	ნაგვის გატანა	nagvis gat'ana

Baan. Business. Deel 2

83. Show. Tentoonstelling

beurs (de)	გამოფენა	gamopena
vakbeurs, handelsbeurs (de)	სავაჭრო გამოფენა	savach'ro gamopena
deelneming (de)	მონაწილეობა	monats'ileoba
deelnemen (ww)	მონაწილეობა	monats'ileoba
deelnemer (de)	მონაწილე	monats'ile
directeur (de)	დირექტორი	direkt'ori
organisatiecomité (het)	დირექცია, საორგანიზაციო კომიტეტი	direktsia, saorganizatsio k'omit'et'i
organisator (de)	ორგანიზატორი	organizat'ori
organiseren (ww)	ორგანიზება	organizeba
deelnemingsaanvraag (de)	განაცხადი მონაწილეობაზე	ganatskhadi monats'ileobaze
invullen (een formulier ~)	შევსება	shevseba
details (mv.)	დეტალები	det'alebi
informatie (de)	ინფორმაცია	inpormatsia
prijs (de)	ფასი	pasi
inclusief (bijv. ~ BTW)	ჩათვლით	chatvlit
inbegrepen (alles ~)	ჩათვლა	chatvla
betalen (ww)	გადახდა	gadakhda
registratietarief (het)	სარეგისტრაციო შესატანი	saregist'ratsio shesat'ani
ingang (de)	შესასვლელი	shesasvleli
paviljoen (het), hal (de)	პავილიონი	p'avilioni
registreren (ww)	რეგისტრაციაში გატარება	regist'ratsiashi gat'areba
badge, kaart (de)	ბეჯი	beji
beursstand (de)	სტენდი	st'endi
reserveren (een stand ~)	რეზერვირება	rezervireba
vitrine (de)	ვიტრინა	vit'rina
licht (het)	ლამპარი	lamp'ari
design (het)	დიზაინი	dizaini
plaatsen (ww)	განლაგება	ganlageba
geplaatst zijn (ww)	განლაგება	ganlageba
distributeur (de)	დისტრიბიუტორი	dist'ribiut'ori
leverancier (de)	მიმწოდებელი	mimts'odebeli
leveren (ww)	მიწოდება	mits'odeba
land (het)	ქვეყანა	kveqana
buitenlands (bn)	უცხოური	utskhouri
product (het)	პროდუქტი	p'rodukt'i
associatie (de)	ასოციაცია	asotsiatsia

conferentiezaal (de)	საკონფერენციო დარბაზი	sak'onperentsio darbazi
congres (het)	კონგრესი	k'ongresi
wedstrijd (de)	კონკურსი	k'onk'ursi
bezoeker (de)	მომსვლელი	momsvleli
bezoeken (ww)	ნახვა	nakhva
afnemer (de)	შემკვეთი	shemk'veti

84. Wetenschap. Onderzoek. Wetenschappers

wetenschap (de)	მეცნიერება	metsniereba
wetenschappelijk (bn)	სამეცნიერო	sametsniero
wetenschapper (de)	მეცნიერი	metsnieri
theorie (de)	თეორია	teoria
axioma (het)	აქსიომა	aksioma
analyse (de)	ანალიზი	analizi
analyseren (ww)	გაანალიზება	gaanalizeba
argument (het)	არგუმენტი	argument'i
substantie (de)	ნივთიერება	nivtiereba
hypothese (de)	ჰიპოთეზა	hip'oteza
dilemma (het)	დილემა	dilema
dissertatie (de)	დისერტაცია	disert'atsia
dogma (het)	დოგმა	dogma
doctrine (de)	დოქტრინა	dokt'rina
onderzoek (het)	გამოკვლევა	gamok'vleva
onderzoeken (ww)	გამოკვლევა	gamok'vleva
toetsing (de)	კონტროლი	k'ont'roli
laboratorium (het)	ლაბორატორია	laborat'oria
methode (de)	მეთოდი	metodi
molecule (de/het)	მოლეკულა	molek'ula
monitoring (de)	მონიტორინგი	monit'oringi
ontdekking (de)	აღმოჩენა	aghmochena
postulaat (het)	პოსტულატი	p'ost'ulat'i
principe (het)	პრინციპი	p'rintsip'i
voorspelling (de)	პროგნოზი	p'rognozi
een prognose maken	პროგნოზირება	p'rognozireba
synthese (de)	სინთეზი	sintezi
tendentie (de)	ტენდენცია	t'endentsia
theorema (het)	თეორემა	teorema
leerstellingen (mv.)	მოძღვრება	modzghvreba
feit (het)	ფაქტი	pakt'i
expeditie (de)	ექსპედიცია	eksp'editsia
experiment (het)	ექსპერიმენტი	eksp'eriment'i
academicus (de)	აკადემიკოსი	ak'ademik'osi
bachelor (bijv. BA, LLB)	ბაკალავრი	bak'alavri
doctor (de)	დოქტორი	dokt'ori

universitair docent (de)	დოცენტი	dotsent'i
master, magister (de)	მაგისტრი	magist'ri
professor (de)	პროფესორი	p'ropesori

Beroepen en ambachten

85. Zoeken naar werk. Ontslag

baan (de)	სამუშაო	samushao
personeel (het)	შტატი	sht'at'i
carrière (de)	კარიერა	k'ariera
vooruitzichten (mv.)	პერსპექტივა	p'ersp'ekt'iva
meesterschap (het)	ოსტატობა	ost'at'oba
keuze (de)	შერჩევა	shercheva
uitzendbureau (het)	კადრების სააგენტო	k'adrebis saagent'o
CV, curriculum vitae (het)	რეზიუმე	reziume
sollicitatiegesprek (het)	გასაუბრება	gasaubreba
vacature (de)	ვაკანსია	vak'ansia
salaris (het)	ხელფასი	khelpasi
vaste salaris (het)	ხელფასი	khelpasi
loon (het)	საზღაური	sazghauri
betrekking (de)	თანამდებობა	tanamdeboba
taak, plicht (de)	მოვალეობა	movaleoba
takenpakket (het)	არე	are
bezig (~ zijn)	დაკავებული	dak'avebuli
ontslagen (ww)	დათხოვნა	datkhovna
ontslag (het)	დათხოვნა	datkhovna
werkloosheid (de)	უმუშევრობა	umushevroba
werkloze (de)	უმუშევარი	umushevari
pensioen (het)	პენსია	p'ensia
met pensioen gaan	პენსიაზე გასვლა	p'ensiaze gasvla

86. Zakenmensen

directeur (de)	დირექტორი	direkt'ori
beheerder (de)	მმართველი	mmartveli
hoofd (het)	ხელმძღვანელი	khelmdzghvaneli
baas (de)	უფროსი	uprosi
superieuren (mv.)	უფროსობა	uprosoba
president (de)	პრეზიდენტი	p'rezident'i
voorzitter (de)	თავმჯდომარე	tavmjdomare
adjunct (de)	მოადგილე	moadgile
assistent (de)	თანაშემწე	tanashemts'e
secretaris (de)	მდივანი	mdivani

persoonlijke assistent (de)	პირადი მდივანი	p'iradi mdivani
zakenman (de)	ბიზნესმენი	biznesmeni
ondernemer (de)	მეწარმე	mets'arme
oprichter (de)	დამაარსებელი	damaarsebeli
oprichten (een nieuw bedrijf ~)	დაარსება	daarseba

stichter (de)	დამფუძნებელი	dampudznebeli
partner (de)	პარტნიორი	p'art'niori
aandeelhouder (de)	აქციონერი	aktsioneri

miljonair (de)	მილიონერი	milioneri
miljardair (de)	მილიარდერი	miliarderi
eigenaar (de)	მფლობელი	mplobeli
landeigenaar (de)	მიწათმფლობელი	mits'atmplobeli

klant (de)	კლიენტი	k'lient'i
vaste klant (de)	მუდმივი კლიენტი	mudmivi k'lient'i
koper (de)	მყიდველი	mqidveli
bezoeker (de)	მომსვლელი	momsvleli

professioneel (de)	პროფესიონალი	p'ropesionali
expert (de)	ექსპერტი	eksp'ert'i
specialist (de)	სპეციალისტი	sp'etsialist'i

| bankier (de) | ბანკირი | bank'iri |
| makelaar (de) | ბროკერი | brok'eri |

kassier (de)	მოლარე	molare
boekhouder (de)	ბუღალტერი	bughalt'eri
bewaker (de)	მცველი	mtsveli

investeerder (de)	ინვესტორი	invest'ori
schuldenaar (de)	მოვალე	movale
crediteur (de)	კრედიტორი	k'redit'ori
lener (de)	მსესხებელი	mseskhebeli

| importeur (de) | იმპორტიორი | imp'ort'iori |
| exporteur (de) | ექსპორტიორი | eksp'ort'iori |

producent (de)	მწარმოებელი	mts'armoebeli
distributeur (de)	დისტრიბიუტორი	dist'ribiut'ori
bemiddelaar (de)	შუამავალი	shuamavali

adviseur, consulent (de)	კონსულტანტი	k'onsult'ant'i
vertegenwoordiger (de)	წარმომადგენელი	ts'armomadgeneli
agent (de)	აგენტი	agent'i
verzekeringsagent (de)	დაზღვევის აგენტი	dazghvevis agent'i

87. Dienstverlenende beroepen

kok (de)	მზარეული	mzareuli
chef-kok (de)	შეფ-მზარეული	shep-mzareuli
bakker (de)	მცხობელი	mtskhobeli

barman (de)	ბარმენი	barmeni
kelner, ober (de)	ოფიციანტი	opitsiant'i
serveerster (de)	ოფიციანტი	opitsiant'i

advocaat (de)	ადვოკატი	advok'at'i
jurist (de)	იურისტი	iurist'i
notaris (de)	ნოტარიუსი	not'ariusi

elektricien (de)	ელექტრიკოსი	elekt'rik'osi
loodgieter (de)	სანტექნიკოსი	sant'eknik'osi
timmerman (de)	ხურო	khuro

masseur (de)	მასაჟისტი	masazhist'i
masseuse (de)	მასაჟისტი	masazhist'i
dokter, arts (de)	ექიმი	ekimi

taxichauffeur (de)	ტაქსისტი	t'aksist'i
chauffeur (de)	მძღოლი	mdzgholi
koerier (de)	კურიერი	k'urieri

kamermeisje (het)	მოახლე	moakhle
bewaker (de)	მცველი	mtsveli
stewardess (de)	სტიუარდესა	st'iuardesa

meester (de)	მასწავლებელი	masts'avlebeli
bibliothecaris (de)	ბიბლიოთეკარი	bibliotek'ari
vertaler (de)	მთარგმნელი	mtargmneli
tolk (de)	თარჯიმანი	tarjimani
gids (de)	გიდი	gidi

kapper (de)	პარიკმახერი	p'arik'makheri
postbode (de)	ფოსტალიონი	post'alioni
verkoper (de)	გამყიდველი	gamqidveli

tuinman (de)	მებაღე	mebaghe
huisbediende (de)	მსახური	msakhuri
dienstmeisje (het)	მოახლე	moakhle
schoonmaakster (de)	დამლაგებელი	damlagebeli

88. Militaire beroepen en rangen

soldaat (rang)	რიგითი	rigiti
sergeant (de)	სერჟანტი	serzhant'i
luitenant (de)	ლეიტენანტი	leit'enant'i
kapitein (de)	კაპიტანი	k'ap'it'ani

majoor (de)	მაიორი	maiori
kolonel (de)	პოლკოვნიკი	p'olk'ovnik'i
generaal (de)	გენერალი	generali
maarschalk (de)	მარშალი	marshali
admiraal (de)	ადმირალი	admirali

militair (de)	სამხედრო	samkhedro
soldaat (de)	ჯარისკაცი	jarisk'atsi

officier (de)	ოფიცერი	opitseri
commandant (de)	მეთაური	metauri
grenswachter (de)	მესაზღვრე	mesazghvre
marconist (de)	რადისტი	radist'i
verkenner (de)	მზვერავი	mzveravi
sappeur (de)	მესანგრე	mesangre
schutter (de)	მსროლელი	msroleli
stuurman (de)	შტურმანი	sht'urmani

89. Ambtenaren. Priesters

koning (de)	მეფე	mepe
koningin (de)	დედოფალი	dedopali
prins (de)	პრინცი	p'rintsi
prinses (de)	პრინცესა	p'rintsesa
tsaar (de)	მეფე	mepe
tsarina (de)	მეფე	mepe
president (de)	პრეზიდენტი	p'rezident'i
minister (de)	მინისტრი	minist'ri
eerste minister (de)	პრემიერ-მინისტრი	p'remier-minist'ri
senator (de)	სენატორი	senat'ori
diplomaat (de)	დიპლომატი	dip'lomat'i
consul (de)	კონსული	k'onsuli
ambassadeur (de)	ელჩი	elchi
adviseur (de)	მრჩეველი	mrcheveli
ambtenaar (de)	მოხელე	mokhele
prefect (de)	პრეფექტი	p'repekt'i
burgemeester (de)	მერი	meri
rechter (de)	მოსამართლე	mosamartle
aanklager (de)	პროკურორი	p'rok'urori
missionaris (de)	მისიონერი	misioneri
monnik (de)	ბერი	beri
abt (de)	აბატი	abat'i
rabbi, rabbijn (de)	რაბინი	rabini
vizier (de)	ვეზირი	veziri
sjah (de)	შახი	shakhi
sjeik (de)	შეიხი	sheikhi

90. Agrarische beroepen

imker (de)	მეფუტკრე	meput'k're
herder (de)	მწყემსი	mts'qemsi
landbouwkundige (de)	აგრონომი	agronomi

veehouder (de)	მეცხოველე	metskhovele
dierenarts (de)	ვეტერინარი	vet'erinari
landbouwer (de)	ფერმერი	permeri
wijnmaker (de)	მეღვინე	meghvine
zoöloog (de)	ზოოლოგი	zoologi
cowboy (de)	კოვბოი	k'ovboi

91. Kunst beroepen

acteur (de)	მსახიობი	msakhiobi
actrice (de)	მსახიობი	msakhiobi
zanger (de)	მომღერალი	momgherali
zangeres (de)	მომღერალი	momgherali
danser (de)	მოცეკვავე	motsek'vave
danseres (de)	მოცეკვავე	motsek'vave
artiest (mann.)	არტისტი	art'ist'i
artiest (vrouw.)	არტისტი	art'ist'i
muzikant (de)	მუსიკოსი	musik'osi
pianist (de)	პიანისტი	p'ianist'i
gitarist (de)	გიტარისტი	git'arist'i
orkestdirigent (de)	დირიჟორი	dirizhori
componist (de)	კომპოზიტორი	k'omp'ozit'ori
impresario (de)	იმპრესარიო	imp'resario
filmregisseur (de)	რეჟისორი	rezhisori
filmproducent (de)	პროდიუსერი	p'rodiuseri
scenarioschrijver (de)	სცენარისტი	stsenarist'i
criticus (de)	კრიტიკოსი	k'rit'ik'osi
schrijver (de)	მწერალი	mts'erali
dichter (de)	პოეტი	p'oet'i
beeldhouwer (de)	მოქანდაკე	mokandak'e
kunstenaar (de)	მხატვარი	mkhat'vari
jongleur (de)	ჟონგლიორი	zhongliori
clown (de)	ჯამბაზი	jambazi
acrobaat (de)	აკრობატი	ak'robat'i
goochelaar (de)	ფოკუსნიკი	pok'usnik'i

92. Verschillende beroepen

dokter, arts (de)	ექიმი	ekimi
ziekenzuster (de)	მედდა	medda
psychiater (de)	ფსიქიატრი	psikiat'ri
tandarts (de)	სტომატოლოგი	st'omat'ologi
chirurg (de)	ქირურგი	kirurgi

astronaut (de)	ასტრონავტი	ast'ronavt'i
astronoom (de)	ასტრონომი	ast'ronomi
chauffeur (de)	მძღოლი	mdzgholi
machinist (de)	მემანქანე	memankane
mecanicien (de)	მექანიკოსი	mekanik'osi
mijnwerker (de)	მეშახტე	meshakht'e
arbeider (de)	მუშა	musha
bankwerker (de)	ზეინკალი	zeink'ali
houtbewerker (de)	დურგალი	durgali
draaier (de)	ხარატი	kharat'i
bouwvakker (de)	მშენებელი	mshenebeli
lasser (de)	შემდუღებელი	shemdughebeli
professor (de)	პროფესორი	p'ropesori
architect (de)	არქიტექტორი	arkit'ekt'ori
historicus (de)	ისტორიკოსი	ist'orik'osi
wetenschapper (de)	მეცნიერი	metsnieri
fysicus (de)	ფიზიკოსი	pizik'osi
scheikundige (de)	ქიმიკოსი	kimik'osi
archeoloog (de)	არქეოლოგი	arkeologi
geoloog (de)	გეოლოგი	geologi
onderzoeker (de)	მკვლევარი	mk'vlevari
babysitter (de)	ძიძა	dzidza
leraar, pedagoog (de)	პედაგოგი	p'edagogi
redacteur (de)	რედაქტორი	redakt'ori
chef-redacteur (de)	მთავარი რედაქტორი	mtavari redakt'ori
correspondent (de)	კორესპონდენტი	k'oresp'ondent'i
typiste (de)	მბეჭდავი	mbech'davi
designer (de)	დიზაინერი	dizaineri
computerexpert (de)	კომპიუტერის სპეციალისტი	k'omp'iut'eris sp'etsialist'i
programmeur (de)	პროგრამისტი	p'rogramist'i
ingenieur (de)	ინჟინერი	inzhineri
matroos (de)	მეზღვაური	mezghvauri
zeeman (de)	მატროსი	mat'rosi
redder (de)	მაშველი	mashveli
brandweerman (de)	მეხანძრე	mekhandzre
politieagent (de)	პოლიციელი	p'olitsieli
nachtwaker (de)	დარაჯი	daraji
detective (de)	მაძებარი	madzebari
douanier (de)	მებაჟე	mebazhe
lijfwacht (de)	მცველი	mtsveli
gevangenisbewaker (de)	მეთვალყურე	metvalqure
inspecteur (de)	ინსპექტორი	insp'ekt'ori
sportman (de)	სპორტსმენი	sp'ort'smeni
trainer (de)	მწვრთნელი	mts'vrtneli
slager, beenhouwer (de)	ყასაბი	qasabi

schoenlapper (de)	მეჩექმე	mechekme
handelaar (de)	კომერსანტი	k'omersant'i
lader (de)	მტვირთავი	mt'virtavi
kledingstilist (de)	მოდელიერი	modelieri
model (het)	მოდელი	modeli

93. Beroepen. Sociale status

scholier (de)	სკოლის მოსწავლე	sk'olis mosts'avle
student (de)	სტუდენტი	st'udent'i
filosoof (de)	ფილოსოფოსი	pilosoposi
econoom (de)	ეკონომისტი	ek'onomist'i
uitvinder (de)	გამომგონებელი	gamomgonebeli
werkloze (de)	უმუშევარი	umushevari
gepensioneerde (de)	პენსიონერი	p'ensioneri
spion (de)	ჯაშუში	jashushi
gedetineerde (de)	პატიმარი	p'at'imari
staker (de)	გაფიცული	gapitsuli
bureaucraat (de)	ბიუროკრატი	biurok'rat'i
reiziger (de)	მოგზაური	mogzauri
homoseksueel (de)	ჰომოსექსუალისტი	homoseksualist'i
hacker (computerkraker)	ჰაკერი	hak'eri
hippie (de)	ჰიპი	hip'i
bandiet (de)	ბანდიტი	bandit'i
huurmoordenaar (de)	დაქირავებული მკვლელი	dakiravebuli mk'vleli
drugsverslaafde (de)	ნარკომანი	nark'omani
drugshandelaar (de)	ნარკოტიკებით მოვაჭრე	nark'ot'ik'ebit movach're
prostituee (de)	მეძავი	medzavi
pooier (de)	სუტენიორი	sut'eniori
tovenaar (de)	ჯადოსანი	jadosani
tovenares (de)	ჯადოსანი	jadosani
piraat (de)	მეკობრე	mek'obre
slaaf (de)	მონა	mona
samoerai (de)	სამურაი	samurai
wilde (de)	ველური	veluri

Onderwijs

94. School

school (de)	სკოლა	sk'ola
schooldirecteur (de)	სკოლის დირექტორი	sk'olis direkt'ori
leerling (de)	მოწაფე	mots'ape
leerlinge (de)	მოწაფე	mots'ape
scholier (de)	სკოლის მოსწავლე	sk'olis mosts'avle
scholiere (de)	სკოლის მოსწავლე	sk'olis mosts'avle
leren (lesgeven)	სწავლება	sts'avleba
studeren (bijv. een taal ~)	სწავლა	sts'avla
van buiten leren	ზეპირად სწავლა	zep'irad sts'avla
leren (bijv. ~ tellen)	სწავლა	sts'avla
in school zijn (schooljongen zijn)	სწავლა	sts'avla
naar school gaan	სკოლაში სვლა	sk'olashi svla
alfabet (het)	ანბანი	anbani
vak (schoolvak)	საგანი	sagani
klaslokaal (het)	კლასი	k'lasi
les (de)	გაკვეთილი	gak'vetili
pauze (de)	შესვენება	shesveneba
bel (de)	ზარი	zari
schooltafel (de)	მერხი	merkhi
schoolbord (het)	დაფა	dapa
cijfer (het)	ნიშანი	nishani
goed cijfer (het)	კარგი ნიშანი	k'argi nishani
slecht cijfer (het)	ცუდი ნიშანი	tsudi nishani
een cijfer geven	ნიშნის დაწერა	nishnis dats'era
fout (de)	შეცდომა	shetsdoma
fouten maken	შეცდომის დაშვება	shetsdomis dashveba
corrigeren (fouten ~)	გამოსწორება	gamosts'oreba
spiekbriefje (het)	შპარგალკა	shp'argalk'a
huiswerk (het)	საშინაო დავალება	sashinao davaleba
oefening (de)	სავარჯიშო	savarjisho
aanwezig zijn (ww)	დასწრება	dasts'reba
absent zijn (ww)	არდასწრება	ardasts'reba
school verzuimen	გაკვეთილების გაცდენა	gak'vetilebis gatsdena
bestraffen (een stout kind ~)	დასჯა	dasja
bestraffing (de)	სასჯელი	sasjeli

gedrag (het)	ყოფაქცევა	qopaktseva
cijferlijst (de)	დღიური	dghiuri
potlood (het)	ფანქარი	pankari
gom (de)	საშლელი	sashleli
krijt (het)	ცარცი	tsartsi
pennendoos (de)	საკალმე	sak'alme
boekentas (de)	ჩანთა	chanta
pen (de)	კალმისტარი	k'almist'ari
schrift (de)	რვეული	rveuli
leerboek (het)	სახელმძღვანელო	sakhelmdzghvanelo
passer (de)	ფარგალი	pargali
technisch tekenen (ww)	ხაზვა	khazva
technische tekening (de)	ნახაზი	nakhazi
gedicht (het)	ლექსი	leksi
van buiten (bw)	ზეპირად	zep'irad
van buiten leren	ზეპირად სწავლა	zep'irad sts'avla
vakantie (de)	არდადეგები	ardadegebi
met vakantie zijn	არდადეგებზე ყოფნა	ardadegebze qopna
vakantie doorbrengen	არდადეგების გატარება	ardadegebis gat'areba
toets (schriftelijke ~)	საკონტროლო სამუშაო	sak'ont'rolo samushao
opstel (het)	თხზულება	tkhzuleba
dictee (het)	კარნახი	k'arnakhi
examen (het)	გამოცდა	gamotsda
examen afleggen	გამოცდების ჩაბარება	gamotsdebis chabareba
experiment (het)	ცდა	tsda

95. Hogeschool. Universiteit

academie (de)	აკადემია	ak'ademia
universiteit (de)	უნივერსიტეტი	universit'et'i
faculteit (de)	ფაკულტეტი	pak'ult'et'i
student (de)	სტუდენტი	st'udent'i
studente (de)	სტუდენტი	st'udent'i
leraar (de)	მასწავლებელი	masts'avlebeli
collegezaal (de)	აუდიტორია	audit'oria
afgestudeerde (de)	კურსდამთავრებული	k'ursdamtavrebuli
diploma (het)	დიპლომი	dip'lomi
dissertatie (de)	დისერტაცია	disert'atsia
onderzoek (het)	გამოკვლევა	gamok'vleva
laboratorium (het)	ლაბორატორია	laborat'oria
college (het)	ლექცია	lektsia
medestudent (de)	თანაკურსელი	tanak'urseli
studiebeurs (de)	სტიპენდია	st'ip'endia
academische graad (de)	სამეცნიერო ხარისხი	sametsniero khariskhi

96. Wetenschappen. Disciplines

wiskunde (de)	მათემატიკა	matemat'ik'a
algebra (de)	ალგებრა	algebra
meetkunde (de)	გეომეტრია	geomet'ria
astronomie (de)	ასტრონომია	ast'ronomia
biologie (de)	ბიოლოგია	biologia
geografie (de)	გეოგრაფია	geograpia
geologie (de)	გეოლოგია	geologia
geschiedenis (de)	ისტორია	ist'oria
geneeskunde (de)	მედიცინა	meditsina
pedagogiek (de)	პედაგოგიკა	p'edagogik'a
rechten (mv.)	სამართალი	samartali
fysica, natuurkunde (de)	ფიზიკა	pizik'a
scheikunde (de)	ქიმია	kimia
filosofie (de)	ფილოსოფია	pilosopia
psychologie (de)	ფსიქოლოგია	psikologia

97. Schrift. Spelling

grammatica (de)	გრამატიკა	gramat'ik'a
vocabulaire (het)	ლექსიკა	leksik'a
fonetiek (de)	ფონეტიკა	ponet'ik'a
zelfstandig naamwoord (het)	არსებითი სახელი	arsebiti sakheli
bijvoeglijk naamwoord (het)	ზედსართავი სახელი	zedsartavi sakheli
werkwoord (het)	ზმნა	zmna
bijwoord (het)	ზმნიზედა	zmnizeda
voornaamwoord (het)	ნაცვალსახელი	natsvalsakheli
tussenwerpsel (het)	შორისდებული	shorisdebuli
voorzetsel (het)	წინდებული	ts'indebuli
stam (de)	სიტყვის ძირი	sit'qvis dziri
achtervoegsel (het)	დაბოლოება	daboloeba
voorvoegsel (het)	წინსართი	ts'insarti
lettergreep (de)	მარცვალი	martsvali
achtervoegsel (het)	სუფიქსი	supiksi
nadruk (de)	მახვილი	makhvili
afkappingsteken (het)	აპოსტროფი	ap'ost'ropi
punt (de)	წერტილი	ts'ert'ili
komma (de/het)	მძიმე	mdzime
puntkomma (de)	წერტილ-მძიმე	ts'ert'il-mdzime
dubbelpunt (de)	ორწერტილი	orts'ert'ili
beletselteken (het)	მრავალწერტილი	mravalts'ert'ili
vraagteken (het)	კითხვის ნიშანი	k'itkhvis nishani
uitroepteken (het)	ძახილის ნიშანი	dzakhilis nishani

aanhalingstekens (mv.)	ბრჭყალები	brch'qalebi
tussen aanhalingstekens (bw)	ბრჭყალებში	brch'qalebshi
haakjes (mv.)	ფრჩხილები	prchkhilebi
tussen haakjes (bw)	ფრჩხილებში	prchkhilebshi
streepje (het)	დეფისი	depisi
gedachtestreepje (het)	ტირე	t'ire
spatie (~ tussen twee woorden)	შუალედი	shualedi
letter (de)	ასო	aso
hoofdletter (de)	დიდი ასო	didi aso
klinker (de)	ხმოვანი ბგერა	khmovani bgera
medeklinker (de)	თანხმოვანი ბგერა	tankhmovani bgera
zin (de)	წინადადება	ts'inadadeba
onderwerp (het)	ქვემდებარე	kvemdebare
gezegde (het)	შემასმენელი	shemasmeneli
regel (in een tekst)	სტრიქონი	st'rikoni
op een nieuwe regel (bw)	ახალი სტრიქონიდან	akhali st'rikonidan
alinea (de)	აბზაცი	abzatsi
woord (het)	სიტყვა	sit'qva
woordgroep (de)	შესიტყვება	shesit'qveba
uitdrukking (de)	გამოთქმა	gamotkma
synoniem (het)	სინონიმი	sinonimi
antoniem (het)	ანტონიმი	ant'onimi
regel (de)	წესი	ts'esi
uitzondering (de)	გამონაკლისი	gamonak'lisi
correct (bijv. ~e spelling)	სწორი	sts'ori
vervoeging, conjugatie (de)	უღლება	ughleba
verbuiging, declinatie (de)	ბრუნება	bruneba
naamval (de)	ბრუნვა	brunva
vraag (de)	კითხვა	k'itkhva
onderstrepen (ww)	ხაზის გასმა	khazis gasma
stippellijn (de)	პუნქტირი	p'unkt'iri

98. Vreemde talen

taal (de)	ენა	ena
vreemd (bn)	უცხო	utskho
leren (bijv. van buiten ~)	შესწავლა	shests'avla
studeren (Nederlands ~)	სწავლა	sts'avla
lezen (ww)	კითხვა	k'itkhva
spreken (ww)	ლაპარაკი	lap'arak'i
begrijpen (ww)	გაგება	gageba
schrijven (ww)	წერა	ts'era
snel (bw)	სწრაფად	sts'rapad
langzaam (bw)	ნელა	nela

vloeiend (bw)	თავისუფლად	tavisuplad
regels (mv.)	წესები	ts'esebi
grammatica (de)	გრამატიკა	gramat'ik'a
vocabulaire (het)	ლექსიკა	leksik'a
fonetiek (de)	ფონეტიკა	ponet'ik'a
leerboek (het)	სახელმძღვანელო	sakhelmdzghvanelo
woordenboek (het)	ლექსიკონი	leksik'oni
leerboek (het) voor zelfstudie	თვითმასწავლებელი	tvitmasts'avlebeli
taalgids (de)	სასაუბრო	sasaubro
cassette (de)	კასეტი	k'aset'i
videocassette (de)	ვიდეოკასეტი	videok'aset'i
CD (de)	კომპაქტური დისკი	k'omp'akt'uri disk'i
DVD (de)	დივიდი	dividi
alfabet (het)	ანბანი	anbani
spellen (ww)	ასოებით გამოთქმა	asoebit gamotkma
uitspraak (de)	წარმოთქმა	ts'armotkma
accent (het)	აქცენტი	aktsent'i
met een accent (bw)	აქცენტით	aktsent'it
zonder accent (bw)	უაქცენტოდ	uaktsent'od
woord (het)	სიტყვა	sit'qva
betekenis (de)	მნიშვნელობა	mnishvneloba
cursus (de)	კურსები	k'ursebi
zich inschrijven (ww)	ჩაწერა	chats'era
leraar (de)	მასწავლებელი	masts'avlebeli
vertaling (een ~ maken)	თარგმნა	targmna
vertaling (tekst)	თარგმანი	targmani
vertaler (de)	მთარგმნელი	mtargmneli
tolk (de)	თარჯიმანი	tarjimani
polyglot (de)	პოლიგლოტი	p'oliglot'i
geheugen (het)	მეხსიერება	mekhsiereba

Rusten. Entertainment. Reizen

99. Trip. Reizen

toerisme (het)	ტურიზმი	t'urizmi
toerist (de)	ტურისტი	t'urist'i
reis (de)	მოგზაურობა	mogzauroba
avontuur (het)	თავგადასავალი	tavgadasavali
tocht (de)	ხანმოკლე მოგზაურობა	khanmok'le mogzauroba
vakantie (de)	შვებულება	shvebuleba
met vakantie zijn	შვებულებაში ყოფნა	shvebulebashi qopna
rust (de)	დასვენება	dasveneba
trein (de)	მატარებელი	mat'arebeli
met de trein	მატარებლით	mat'areblit
vliegtuig (het)	თვითმფრინავი	tvitmprinavi
met het vliegtuig	თვითმფრინავით	tvitmprinavit
met de auto	ავტომობილით	avt'omobilit
per schip (bw)	გემით	gemit
bagage (de)	ბარგი	bargi
valies (de)	ჩემოდანი	chemodani
bagagekarretje (het)	ურიკა	urik'a
paspoort (het)	პასპორტი	p'asp'ort'i
visum (het)	ვიზა	viza
kaartje (het)	ბილეთი	bileti
vliegticket (het)	ავიაბილეთი	aviabileti
reisgids (de)	მეგზური	megzuri
kaart (de)	რუკა	ruk'a
gebied (landelijk ~)	ადგილი	adgili
plaats (de)	ადგილი	adgili
exotische bestemming (de)	ეგზოტიკა	egzot'ik'a
exotisch (bn)	ეგზოტიკური	egzot'ik'uri
verwonderlijk (bn)	საოცარი	saotsari
groep (de)	ჯგუფი	jgupi
rondleiding (de)	ექსკურსია	eksk'ursia
gids (de)	ექსკურსიის მძღოლი	eksk'ursiis mdzgholi

100. Hotel

hotel (het)	სასტუმრო	sast'umro
motel (het)	მოტელი	mot'eli
3-sterren	სამი ვარსკვლავი	sami varsk'vlavi

5-sterren	ხუთი ვარსკვლავი	khuti varsk'vlavi
overnachten (ww)	გაჩერება	gachereba
kamer (de)	ნომერი	nomeri
eenpersoonskamer (de)	ერთადგილიანი ნომერი	ertadgiliani nomeri
tweepersoonskamer (de)	ორადგილიანი ნომერი	oradgiliani nomeri
een kamer reserveren	ნომერის დაჯავშნა	nomeris dajavshna
halfpension (het)	ნახევარპანსიონი	nakhevarp'ansioni
volpension (het)	სრული პანსიონი	sruli p'ansioni
met badkamer	სააბაზანოთი	saabazanoti
met douche	შხაპით	shkhap'it
satelliet-tv (de)	თანამგზავრული ტელევიზია	tanamgzavruli t'elevizia
airconditioner (de)	კონდიციონერი	k'onditsioneri
handdoek (de)	პირსახოცი	p'irsakhotsi
sleutel (de)	გასაღები	gasaghebi
administrateur (de)	ადმინისტრატორი	administ'rat'ori
kamermeisje (het)	მოახლე	moakhle
piccolo (de)	მებარგული	mebarguli
portier (de)	პორტიე	p'ort'ie
restaurant (het)	რესტორანი	rest'orani
bar (de)	ბარი	bari
ontbijt (het)	საუზმე	sauzme
avondeten (het)	ვახშამი	vakhshami
buffet (het)	შვედური მაგიდა	shveduri magida
hal (de)	ვესტიბიული	vest'ibiuli
lift (de)	ლიფტი	lipt'i
NIET STOREN	ნუ შემაწუხებთ	nu shemats'ukhebt
VERBODEN TE ROKEN!	ნუ მოსწევთ!	nu mosts'evt!

TECHNISCHE APPARATUUR. VERVOER

Technische apparatuur

101. Computer

computer (de)	კომპიუტერი	k'omp'iut'eri
laptop (de)	ნოუთბუკი	noutbuk'i
aanzetten (ww)	ჩართვა	chartva
uitzetten (ww)	გამორთვა	gamortva
toetsenbord (het)	კლავიატურა	k'laviat'ura
toets (enter~)	კლავიში	k'lavishi
muis (de)	თაგუნა	taguna
muismat (de)	ქვეშსადები	kveshsadebi
knopje (het)	ღილაკი	ghilak'i
cursor (de)	კურსორი	k'ursori
monitor (de)	მონიტორი	monit'ori
scherm (het)	ეკრანი	ek'rani
harde schijf (de)	მყარი დისკი	mqari disk'i
volume (het) van de harde schijf	მყარი დისკის მოცულობა	mqari disk'is motsuloba
geheugen (het)	მეხსიერება	mekhsiereba
RAM-geheugen (het)	ოპერატიული მეხსიერება	op'erat'iuli mekhsiereba
bestand (het)	ფაილი	paili
folder (de)	საქაღალდე	sakaghalde
openen (ww)	გახსნა	gakhsna
sluiten (ww)	დახურვა	dakhurva
opslaan (ww)	შენახვა	shenakhva
verwijderen (wissen)	წაშლა	ts'ashla
kopiëren (ww)	კოპირება	k'op'ireba
sorteren (ww)	სორტირება	sort'ireba
overplaatsen (ww)	გადაწერა	gadats'era
programma (het)	პროგრამა	p'rograma
software (de)	პროგრამული უზრუნველყოფა	p'rogramuli uzrunvelqopa
programmeur (de)	პროგრამისტი	p'rogramist'i
programmeren (ww)	პროგრამირება	p'rogramireba
hacker (computerkraker)	ჰაკერი	hak'eri
wachtwoord (het)	პაროლი	p'aroli
virus (het)	ვირუსი	virusi

ontdekken (virus ~)	აღმოჩენა	aghmochena
byte (de)	ბაიტი	bait'i
megabyte (de)	მეგაბაიტი	megabait'i
data (de)	მონაცემები	monatsemebi
databank (de)	მონაცემთა ბაზა	monatsemta baza
kabel (USB-~, enz.)	კაბელი	k'abeli
afsluiten (ww)	მოცილება	motsileba
aansluiten op (ww)	შეერთება	sheerteba

102. Internet. E-mail

internet (het)	ინტერნეტი	int'ernet'i
browser (de)	ბრაუზერი	brauzeri
zoekmachine (de)	საძიებო რესურსი	sadziebo resursi
internetprovider (de)	პროვაიდერი	p'rovaideri
webmaster (de)	ვებ-მასტერი	veb-mast'eri
website (de)	ვებ-საიტი	veb-sait'i
webpagina (de)	ვებ-გვერდი	veb-gverdi
adres (het)	მისამართი	misamarti
adresboek (het)	სამისამართო წიგნაკი	samisamarto ts'ignak'i
postvak (het)	საფოსტო ყუთი	sapost'o quti
post (de)	ფოსტა	post'a
vol (~ postvak)	გავსებული	gavsebuli
bericht (het)	შეტყობინება	shet'qobineba
binnenkomende berichten (mv.)	შემავალი შეტყობინებები	shemavali shet'qobinebebi
uitgaande berichten (mv.)	გამავალი შეტყობინებები	gamavali shet'qobinebebi
verzender (de)	გამგზავნი	gamgzavni
verzenden (ww)	გაგზავნა	gagzavna
verzending (de)	გაგზავნა	gagzavna
ontvanger (de)	მიმღები	mimghebi
ontvangen (ww)	მიღება	migheba
correspondentie (de)	მიმოწერა	mimots'era
corresponderen (met …)	მიმოწერის ქონა	mimots'eris kona
bestand (het)	ფაილი	paili
downloaden (ww)	ჩამოტვირთვა	chamot'virtva
creëren (ww)	შექმნა	shekmna
verwijderen (een bestand ~)	წაშლა	ts'ashla
verwijderd (bn)	წაშლილი	ts'ashlili
verbinding (de)	კავშირი	k'avshiri
snelheid (de)	სიჩქარე	sichkare
modem (de)	მოდემი	modemi
toegang (de)	შეღწევა	sheghts'eva

poort (de)	პორტი	p'ort'i
aansluiting (de)	ჩართვა	chartva
zich aansluiten (ww)	ჩართვა	chartva
selecteren (ww)	არჩევა	archeva
zoeken (ww)	ძებნა	dzebna

103. Elektriciteit

elektriciteit (de)	ელექტრობა	elekt'roba
elektrisch (bn)	ელექტრული	elekt'ruli
elektriciteitscentrale (de)	ელექტროსადგური	elekt'rosadguri
energie (de)	ენერგია	energia
elektrisch vermogen (het)	ელექტროენერგია	elekt'roenergia
lamp (de)	ნათურა	natura
zaklamp (de)	ფარანი	parani
straatlantaarn (de)	ფარანი	parani
licht (elektriciteit)	შუქი	shuki
aandoen (ww)	ჩართვა	chartva
uitdoen (ww)	გამორთვა	gamortva
het licht uitdoen	შუქის ჩაქრობა	shukis chakroba
doorbranden (gloeilamp)	გადაწვა	gadats'va
kortsluiting (de)	მოკლე ჩართვა	mok'le chartva
onderbreking (de)	გაწყვეტა	gats'qvet'a
contact (het)	კონტაქტი	k'ont'akt'i
schakelaar (de)	ამომრთველი	amomrtveli
stopcontact (het)	როზეტი	rozet'i
stekker (de)	ჩანგალი	changali
verlengsnoer (de)	დამაგრძელებელი	damagrdzelebeli
zekering (de)	დამცველი	damtsveli
kabel (de)	სადენი	sadeni
bedrading (de)	გაყვანილობა	gaqvaniloba
ampère (de)	ამპერი	amp'eri
stroomsterkte (de)	დენის ძალა	denis dzala
volt (de)	ვოლტი	volt'i
spanning (de)	ძაბვა	dzabva
elektrisch toestel (het)	ელექტროხელსაწყო	elekt'rokhelsats'qo
indicator (de)	ინდიკატორი	indik'at'ori
elektricien (de)	ელექტრიკოსი	elekt'rik'osi
solderen (ww)	რჩილვა	rchilva
soldeerbout (de)	სარჩილავი	sarchilavi
stroom (de)	დენი	deni

104. Gereedschappen

werktuig (stuk gereedschap)	ხელსაწყო	khelsats'qo
gereedschap (het)	ხელსაწყოები	khelsats'qoebi
uitrusting (de)	მოწყობილობა	mots'qobiloba
hamer (de)	ჩაქუჩი	chakuchi
schroevendraaier (de)	სახრახნისი	sakhrakhnisi
bijl (de)	ნაჯახი	najakhi
zaag (de)	ხერხი	kherkhi
zagen (ww)	ხერხვა	kherkhva
schaaf (de)	შალაშინი	shalashini
schaven (ww)	გაშალაშინება	gashalashineba
soldeerbout (de)	სარჩილავი	sarchilavi
solderen (ww)	რჩილვა	rchilva
vijl (de)	ქლიბი	klibi
nijptang (de)	გაზი	gazi
combinatietang (de)	ბრტყელტუჩა	brt'qelt'ucha
beitel (de)	ხვეწი	khvets'i
boorkop (de)	ბურღი	burghi
boormachine (de)	დრელი	dreli
boren (ww)	გაბურღვა	gaburghva
mes (het)	დანა	dana
zakmes (het)	ჯიბის დანა	jibis dana
knip- (abn)	საკეცი	sak'etsi
lemmet (het)	პირი	p'iri
scherp (bijv. ~ mes)	ბასრი	basri
bot (bn)	ბლაგვი	blagvi
bot raken (ww)	დაბლაგვება	dablagveba
slijpen (een mes ~)	ლესვა	lesva
bout (de)	ჭანჭიკი	ch'anch'ik'i
moer (de)	ქანჩი	kanchi
schroefdraad (de)	კუთხვილი	k'utkhvili
houtschroef (de)	სჭვალი	sch'vali
nagel (de)	ლურსმანი	lursmani
kop (de)	თავი	tavi
liniaal (de/het)	სახაზავი	sakhazavi
rolmeter (de)	რულეტი	rulet'i
waterpas (de/het)	თარაზო	tarazo
loep (de)	ლუპა	lup'a
meetinstrument (het)	საზომი ხელსაწყო	sazomi khelsats'qo
opmeten (ww)	გაზომვა	gazomva
schaal (meetschaal)	შკალა	shk'ala
gegevens (mv.)	ჩვენება	chveneba
compressor (de)	კომპრესორი	k'omp'resori
microscoop (de)	მიკროსკოპი	mik'rosk'op'i

pomp (de)	ტუმბო	t'umbo
robot (de)	რობოტი	robot'i
laser (de)	ლაზერი	lazeri

moersleutel (de)	ქანჩის გასაღები	kanchis gasaghebi
plakband (de)	სკოტჩის ლენტი	sk'ot'chis lent'i
lijm (de)	წებო	ts'ebo

schuurpapier (het)	ზუმფარის ქაღალდი	zumparis kaghaldi
veer (de)	ზამბარა	zambara
magneet (de)	მაგნიტი	magnit'i
handschoenen (mv.)	ხელთათმანები	kheltatmanebi

touw (bijv. henneptouw)	თოკი	tok'i
snoer (het)	ზონარი	zonari
draad (de)	სადენი	sadeni
kabel (de)	კაბელი	k'abeli

moker (de)	სანგი	sangi
breekijzer (het)	ძალაყინი	dzalaqini
ladder (de)	კიბე	k'ibe
trapje (inklapbaar ~)	პწკალა	p'ts'k'ala

aanschroeven (ww)	მოჭერა	moch'era
losschroeven (ww)	მოშვება	moshveba
dichtpersen (ww)	მოჭერა	moch'era
vastlijmen (ww)	მიწებება	mits'ebeba
snijden (ww)	ჭრა	ch'ra

defect (het)	გაუმართაობა	gaumartaoba
reparatie (de)	შეკეთება	shek'eteba
repareren (ww)	გარემონტება	garemont'eba
regelen (een machine ~)	მოწესრიგება	mots'esrigeba

nakijken (ww)	შემოწმება	shemots'meba
controle (de)	შემოწმება	shemots'meba
gegevens (mv.)	ჩვენება	chveneba

degelijk (bijv. ~ machine)	საიმედო	saimedo
ingewikkeld (bn)	რთული	rtuli

roesten (ww)	დაჟანგვა	dazhangva
roestig (bn)	დაჟანგული	dazhanguli
roest (de/het)	ჟანგი	zhangi

Vervoer

105. Vliegtuig

vliegtuig (het)	თვითმფრინავი	tvitmprinavi
vliegticket (het)	ავიაბილეთი	aviabileti
luchtvaartmaatschappij (de)	ავიაკომპანია	aviak'omp'ania
luchthaven (de)	აეროპორტი	aerop'ort'i
supersonisch (bn)	ზებგერითი	zebgeriti
gezagvoerder (de)	ხომალდის მეთაური	khomaldis metauri
bemanning (de)	ეკიპაჟი	ek'ip'azhi
piloot (de)	პილოტი	p'ilot'i
stewardess (de)	სტიუარდესა	st'iuardesa
stuurman (de)	შტურმანი	sht'urmani
vleugels (mv.)	ფრთები	prtebi
staart (de)	კუდი	k'udi
cabine (de)	კაბინა	k'abina
motor (de)	ძრავი	dzravi
landingsgestel (het)	შასი	shasi
turbine (de)	ტურბინა	t'urbina
propeller (de)	პროპელერი	p'rop'eleri
zwarte doos (de)	შავი ყუთი	shavi quti
stuur (het)	საჭევრი	sach'evri
brandstof (de)	საწვავი	sats'vavi
veiligheidskaart (de)	ინსტრუქცია	inst'ruktsia
zuurstofmasker (het)	ჟანგბადის ნიღაბი	zhangbadis nighabi
uniform (het)	უნიფორმა	uniporma
reddingsvest (de)	სამაშველო ჟილეტი	samashvelo zhilet'i
parachute (de)	პარაშუტი	p'arashut'i
opstijgen (het)	აფრენა	aprena
opstijgen (ww)	აფრენა	aprena
startbaan (de)	ასაფრენი ზოლი	asapreni zoli
zicht (het)	ხილვადობა	khilvadoba
vlucht (de)	ფრენა	prena
hoogte (de)	სიმაღლე	simaghle
luchtzak (de)	ჰაერის ორმო	haeris ormo
plaats (de)	ადგილი	adgili
koptelefoon (de)	საყურისი	saqurisi
tafeltje (het)	გადასაწევი მაგიდა	gadasats'evi magida
venster (het)	ილუმინატორი	iluminat'ori
gangpad (het)	გასასვლელი	gasasvleli

106. Trein

trein (de)	მატარებელი	mat'arebeli
elektrische trein (de)	ელექტრომატარებელი	elekt'romat'arebeli
sneltrein (de)	ჩქაროსნული მატარებელი	chkarosnuli mat'arebeli
diesellocomotief (de)	თბომავალი	tbomavali
locomotief (de)	ორთქლმავალი	ortklmavali
rijtuig (het)	ვაგონი	vagoni
restauratierijtuig (het)	ვაგონი-რესტორანი	vagoni-rest'orani
rails (mv.)	რელსი	relsi
spoorweg (de)	რკინიგზა	rk'inigza
dwarsligger (de)	შპალი	shp'ali
perron (het)	პლატფორმა	p'latporma
spoor (het)	ლიანდაგი	liandagi
semafoor (de)	სემაფორი	semapori
halte (bijv. kleine treinhalte)	სადგური	sadguri
machinist (de)	მემანქანე	memankane
kruier (de)	მებარგული	mebarguli
conducteur (de)	გამყოლი	gamqoli
passagier (de)	მგზავრი	mgzavri
controleur (de)	კონტროლიორი	k'ont'roliori
gang (in een trein)	დერეფანი	derepani
noodrem (de)	სტოპ-კრანი	st'op'-k'rani
coupé (de)	კუპე	k'up'e
bed (slaapplaats)	თარო	taro
bovenste bed (het)	ზედა თარო	zeda taro
onderste bed (het)	ქვედა თარო	kveda taro
beddengoed (het)	თეთრეული	tetreuli
kaartje (het)	ბილეთი	bileti
dienstregeling (de)	განრიგი	ganrigi
informatiebord (het)	ტაბლო	t'ablo
vertrekken (De trein vertrekt ...)	გასვლა	gasvla
vertrek (ov. een trein)	გამგზავრება	gamgzavreba
aankomen (ov. de treinen)	ჩამოსვლა	chamosvla
aankomst (de)	ჩამოსვლა	chamosvla
aankomen per trein	მატარებლით მოსვლა	mat'areblit mosvla
in de trein stappen	მატარებელში ჩაჯდომა	mat'arebelshi chajdoma
uit de trein stappen	მატარებლიდან ჩამოსვლა	mat'areblidan chamosvla
treinwrak (het)	მარცხი	martskhi
ontspoord zijn	რელსებიდან გადასვლა	relsebidan gadasvla
locomotief (de)	ორთქლმავალი	ortklmavali
stoker (de)	ცეცხლფარეში	tsetskhlpareshi
stookplaats (de)	საცეცხლე	satsetskhle
steenkool (de)	ნახშირი	nakhshiri

107. Schip

schip (het)	გემი	gemi
vaartuig (het)	ხომალდი	khomaldi
stoomboot (de)	ორთქლმავალი	ortklmavali
motorschip (het)	თბომავალი	tbomavali
lijnschip (het)	ლაინერი	laineri
kruiser (de)	კრეისერი	k'reiseri
jacht (het)	იახტა	iakht'a
sleepboot (de)	ბუქსირი	buksiri
duwbak (de)	ბარჟა	barzha
ferryboot (de)	ბორანი	borani
zeilboot (de)	იალქნიანი გემი	ialkniani gemi
brigantijn (de)	ბრიგანტინა	brigant'ina
IJsbreker (de)	ყინულმჭრელი	qinulmch'reli
duikboot (de)	წყალქვეშა ნავი	ts'qalkvesha navi
boot (de)	ნავი	navi
sloep (de)	კანჯო	k'anjo
reddingssloep (de)	მაშველი კანჯო	mashveli k'anjo
motorboot (de)	კატარღა	k'at'argha
kapitein (de)	კაპიტანი	k'ap'it'ani
zeeman (de)	მატროსი	mat'rosi
matroos (de)	მეზღვაური	mezghvauri
bemanning (de)	ეკიპაჟი	ek'ip'azhi
bootsman (de)	ბოცმანი	botsmani
scheepsjongen (de)	იუნგა	iunga
kok (de)	კოკი	k'ok'i
scheepsarts (de)	გემის ექიმი	gemis ekimi
dek (het)	გემბანი	gembani
mast (de)	ანძა	andza
zeil (het)	იალქანი	ialkani
ruim (het)	ტრიუმი	t'riumi
voorsteven (de)	ცხვირი	tskhviri
achtersteven (de)	კიჩო	k'icho
roeispaan (de)	ნიჩაბი	nichabi
schroef (de)	ხრახნი	khrakhni
kajuit (de)	კაიუტა	k'aiut'a
officierskamer (de)	კაიუტკომპანია	k'aiut'k'omp'ania
machinekamer (de)	სამანქანო განყოფილება	samankano ganqopileba
brug (de)	კაპიტნის ხიდურა	k'ap'it'nis khidura
radiokamer (de)	რადიოჯიხური	radiojikhuri
radiogolf (de)	ტალღა	t'algha
logboek (het)	გემის ჟურნალი	gemis zhurnali
verrekijker (de)	ჭოგრი	ch'ogri
klok (de)	ზარი	zari

vlag (de)	დროშა	drosha
kabel (de)	ბაგირი	bagiri
knoop (de)	კვანძი	k'vandzi
trapleuning (de)	სახელური	sakheluri
trap (de)	ტრაპი	t'rap'i
anker (het)	ღუზა	ghuza
het anker lichten	ღუზის ამოწევა	ghuzis amots'eva
het anker neerlaten	ღუზის ჩაშვება	ghuzis chashveba
ankerketting (de)	ღუზის ჯაჭვი	ghuzis jach'vi
haven (bijv. containerhaven)	ნავსადგური	navsadguri
kaai (de)	მისადგომი	misadgomi
aanleggen (ww)	მიდგომა	midgoma
wegvaren (ww)	ნაპირს მოცილება	nap'irs motsileba
reis (de)	მოგზაურობა	mogzauroba
cruise (de)	კრუიზი	k'ruizi
koers (de)	კურსი	k'ursi
route (de)	მარშრუტი	marshrut'i
vaarwater (het)	ფარვატერი	parvat'eri
zandbank (de)	თავთხელი	tavtkheli
stranden (ww)	თავთხელზე დაჯდომა	tavtkhelze dajdoma
storm (de)	ქარიშხალი	karishkhali
signaal (het)	სიგნალი	signali
zinken (ov. een boot)	ჩაძირვა	chadzirva
Man overboord!	ადამიანი ბორტს იქით!	adamiani bort's ikit!
SOS (noodsignaal)	სოს	sos
reddingsboei (de)	საშველი რგოლი	sashveli rgoli

108. Vliegveld

luchthaven (de)	აეროპორტი	aerop'ort'i
vliegtuig (het)	თვითმფრინავი	tvitmprinavi
luchtvaartmaatschappij (de)	ავიაკომპანია	aviak'omp'ania
luchtverkeersleider (de)	დისპეჩერი	disp'echeri
vertrek (het)	გაფრენა	gaprena
aankomst (de)	მოფრენა	moprena
aankomen (per vliegtuig)	მოფრენა	moprena
vertrektijd (de)	გაფრენის დრო	gaprenis dro
aankomstuur (het)	მოფრენის დრო	moprenis dro
vertraagd zijn (ww)	დაგვიანება	dagvianeba
vluchtvertraging (de)	გაფრენის დაგვიანება	gaprenis dagvianeba
informatiebord (het)	საინფორმაციო ტაბლო	sainpormatsio t'ablo
informatie (de)	ინფორმაცია	inpormatsia
aankondigen (ww)	გამოცხადება	gamotskhadeba
vlucht (bijv. KLM ~)	რეისი	reisi

douane (de)	საბაჟო	sabazho
douanier (de)	მებაჟე	mebazhe
douaneaangifte (de)	დეკლარაცია	dek'laratsia
een douaneaangifte invullen	დეკლარაციის შევსება	dek'laratsiis shevseba
paspoortcontrole (de)	საპასპორტო კონტროლი	sap'asp'ort'o k'ont'roli
bagage (de)	ბარგი	bargi
handbagage (de)	ხელის ბარგი	khelis bargi
bagagekarretje (het)	ურიკა	urik'a
landing (de)	დაჯდომა	dajdoma
landingsbaan (de)	დასაფრენი ზოლი	dasapreni zoli
landen (ww)	დაჯდომა	dajdoma
vliegtuigtrap (de)	ტრაპი	t'rap'i
inchecken (het)	რეგისტრაცია	regist'ratsia
incheckbalie (de)	სარეგისტრაციო დგარი	saregist'ratsio dgari
inchecken (ww)	დარეგისტრირება	daregist'rireba
instapkaart (de)	ჩასაჯდომი ტალონი	chasajdomi t'aloni
gate (de)	გასვლა	gasvla
transit (de)	ტრანზიტი	t'ranzit'i
wachten (ww)	ლოდინი	lodini
wachtzaal (de)	მოსაცდელი დარბაზი	mosatsdeli darbazi
begeleiden (uitwuiven)	გაცილება	gatsileba
afscheid nemen (ww)	გამომშვიდობება	gamomshvidobeba

Gebeurtenissen in het leven

109. Vakanties. Evenement

Nederlands	Georgisch	Transcriptie
feest (het)	დღესასწაული	dghesasts'auli
nationale feestdag (de)	ნაციონალური დღესასწაული	natsionaluri dghesasts'auli
feestdag (de)	სადღესასწაულო დღე	sadghesasts'aulo dghe
herdenken (ww)	ზეიმობა	zeimoba
gebeurtenis (de)	მოვლენა	movlena
evenement (het)	ღონისძიება	ghonisdzieba
banket (het)	ბანკეტი	bank'et'i
receptie (de)	მიღება	migheba
feestmaal (het)	ლხინი	lkhini
verjaardag (de)	წლისთავი	ts'listavi
jubileum (het)	ზეიმობა	zeimoba
vieren (ww)	აღნიშვნა	aghnishvna
Nieuwjaar (het)	ახალი წელი	akhali ts'eli
Gelukkig Nieuwjaar!	გილოცავთ ახალ წელს	gilotsavt akhal ts'els
Kerstfeest (het)	შობა	shoba
Vrolijk kerstfeest!	მხიარულ შობას გისურვებთ!	mkhiarul shobas gisurvebt!
kerstboom (de)	საშობაო ნაძვის ხე	sashobao nadzvis khe
vuurwerk (het)	სალიუტი	saliut'i
bruiloft (de)	ქორწილი	korts'ili
bruidegom (de)	საქმრო	sakmro
bruid (de)	პატარძალი	p'at'ardzali
uitnodigen (ww)	მოწვევა	mots'veva
uitnodiging (de)	მოწვევა	mots'veva
gast (de)	სტუმარი	st'umari
op bezoek gaan	სტუმრად წასვლა	st'umrad ts'asvla
gasten verwelkomen	სტუმრების დახვედრა	st'umrebis dakhvedra
geschenk, cadeau (het)	საჩუქარი	sachukari
geven (iets cadeau ~)	ჩუქება	chukeba
geschenken ontvangen	საჩუქრების მიღება	sachukrebis migheba
boeket (het)	თაიგული	taiguli
felicitaties (mv.)	მილოცვა	milotsva
feliciteren (ww)	მილოცვა	milotsva
wenskaart (de)	მისალოცი ბარათი	misalotsi barati
een kaartje versturen	ბარათის გაგზავნა	baratis gagzavna
een kaartje ontvangen	ბარათის მიღება	baratis migheba

toast (de)	სადღეგრძელო	sadghegrdzelo
aanbieden (een drankje ~)	გამასპინძლება	gamasp'indzleba
champagne (de)	შამპანური	shamp'anuri

plezier hebben (ww)	მხიარულობა	mkhiaruloba
plezier (het)	მხიარულება	mkhiaruleba
vreugde (de)	სიხარული	sikharuli

| dans (de) | ცეკვა | tsek'va |
| dansen (ww) | ცეკვა | tsek'va |

| wals (de) | ვალსი | valsi |
| tango (de) | ტანგო | t'ango |

110. Begrafenissen. Begrafenis

kerkhof (het)	სასაფლაო	sasaplao
graf (het)	სამარე	samare
kruis (het)	ჯვარი	jvari
grafsteen (de)	საფლავი	saplavi
omheining (de)	ზღუდე	zghude
kapel (de)	სამლოცველო	samlotsvelo

dood (de)	სიკვდილი	sik'vdili
sterven (ww)	მოკვდომა	mok'vdoma
overledene (de)	მიცვალებული	mitsvalebuli
rouw (de)	გლოვა	glova

begraven (ww)	დაკრძალვა	dak'rdzalva
begrafenisonderneming (de)	დამკრძალავი ბიურო	damk'rdzalavi biuro
begrafenis (de)	დასაფლავება	dasaplaveba

krans (de)	გვირგვინი	gvirgvini
doodskist (de)	კუბო	k'ubo
lijkwagen (de)	კატაფალკი	k'at'apalk'i
lijkkleed (de)	სუდარა	sudara

| urn (de) | სამარხი ურნა | samarkhi urna |
| crematorium (het) | კრემატორიუმი | k'remat'oriumi |

overlijdensbericht (het)	ნეკროლოგი	nek'rologi
huilen (wenen)	ტირილი	t'irili
snikken (huilen)	ქვითინი	kvitini

111. Oorlog. Soldaten

peloton (het)	ოცეული	otseuli
compagnie (de)	ასეული	aseuli
regiment (het)	პოლკი	p'olk'i
leger (armee)	არმია	armia
divisie (de)	დივიზიონი	divizioni
sectie (de)	რაზმი	razmi

troep (de)	ჯარი	jari
soldaat (militair)	ჯარისკაცი	jarisk'atsi
officier (de)	ოფიცერი	opitseri
soldaat (rang)	რიგითი	rigiti
sergeant (de)	სერჟანტი	serzhant'i
luitenant (de)	ლეიტენანტი	leit'enant'i
kapitein (de)	კაპიტანი	k'ap'it'ani
majoor (de)	მაიორი	maiori
kolonel (de)	პოლკოვნიკი	p'olk'ovnik'i
generaal (de)	გენერალი	generali
matroos (de)	მეზღვაური	mezghvauri
kapitein (de)	კაპიტანი	k'ap'it'ani
bootsman (de)	ბოცმანი	botsmani
artillerist (de)	არტილერისტი	art'ilerist'i
valschermjager (de)	მედესანტე	medesant'e
piloot (de)	მფრინავი	mprinavi
stuurman (de)	შტურმანი	sht'urmani
mecanicien (de)	მექანიკოსი	mekanik'osi
sappeur (de)	მესანგრე	mesangre
parachutist (de)	პარაშუტისტი	p'arashut'ist'i
verkenner (de)	მზვერავი	mzveravi
scherpschutter (de)	სნაიპერი	snaip'eri
patrouille (de)	პატრული	p'at'ruli
patrouilleren (ww)	პატრულირება	p'at'rulireba
wacht (de)	გუშაგი	gushagi
krijger (de)	მეომარი	meomari
held (de)	გმირი	gmiri
heldin (de)	გმირი	gmiri
patriot (de)	პატრიოტი	p'at'riot'i
verrader (de)	მოღალატე	moghalat'e
deserteur (de)	დეზერტირი	dezert'iri
deserteren (ww)	დეზერტირობა	dezert'iroba
huurling (de)	დაქირავებული	dakiravebuli
rekruut (de)	ახალწვეული	akhalts'veuli
vrijwilliger (de)	მოხალისე	mokhalise
gedode (de)	მოკლული	mok'luli
gewonde (de)	დაჭრილი	dach'rili
krijgsgevangene (de)	ტყვე	t'qve

112. Oorlog. Militaire acties. Deel 1

oorlog (de)	ომი	omi
oorlog voeren (ww)	ბრძოლა	brdzola
burgeroorlog (de)	სამოქალაქო ომი	samokalako omi
achterbaks (bw)	ვერაგულად	veragulad

oorlogsverklaring (de)	გამოცხადება	gamotskhadeba
verklaren (de oorlog ~)	გამოცხადება	gamotskhadeba
agressie (de)	აგრესია	agresia
aanvallen (binnenvallen)	თავდასხმა	tavdaskhma
binnenvallen (ww)	შეპყრობა	shep'qroba
invaller (de)	დამპყრობელი	damp'qrobeli
veroveraar (de)	დამპყრობელი	damp'qrobeli
verdediging (de)	თავდაცვა	tavdatsva
verdedigen (je land ~)	დაცვა	datsva
zich verdedigen (ww)	თავის დაცვა	tavis datsva
vijand (de)	მტერი	mt'eri
tegenstander (de)	მოწინააღმდეგე	mots'inaaghmdege
vijandelijk (bn)	მტრის	mt'ris
strategie (de)	სტრატეგია	st'rat'egia
tactiek (de)	ტაქტიკა	t'akt'ik'a
order (de)	ბრძანება	brdzaneba
bevel (het)	ბრძანება	brdzaneba
bevelen (ww)	ბრძანება	brdzaneba
opdracht (de)	დავალება	davaleba
geheim (bn)	საიდუმლო	saidumlo
strijd, slag (de)	ბრძოლა	brdzola
aanval (de)	შეტევა	shet'eva
bestorming (de)	იერიში	ierishi
bestormen (ww)	იერიშის მიტანა	ierishis mit'ana
bezetting (de)	ალყა	alqa
aanval (de)	შეტევა იერიში	shet'eva ierishi
in het offensief te gaan	შეტევაზე გადასვლა	shet'evaze gadasvla
terugtrekking (de)	უკუქცევა	uk'uktseva
zich terugtrekken (ww)	უკან დახევა	uk'an dakheva
omsingeling (de)	ალყა	alqa
omsingelen (ww)	გარშემორტყმა	garshemort'qma
bombardement (het)	დაბომბვა	dabombva
een bom gooien	ბომბის ჩამოგდება	bombis chamogdeba
bombarderen (ww)	ბომბვა	bombva
ontploffing (de)	აფეთქება	apetkeba
schot (het)	გასროლა	gasrola
een schot lossen	გასროლა	gasrola
schieten (het)	სროლა	srola
mikken op (ww)	დამიზნება	damizneba
aanleggen (een wapen ~)	დამიზნება	damizneba
treffen (doelwit ~)	მოარტყა	moart'qa
zinken (tot zinken brengen)	ჩაძირვა	chadzirva
kogelgat (het)	ნახვრეტი	nakhvret'i

zinken (gezonken zijn)	ფსკერისკენ წასვლა	psk'erisk'en ts'asvla
front (het)	ფრონტი	pront'i
evacuatie (de)	ევაკუაცია	evak'uatsia
evacueren (ww)	ევაკუირება	evak'uireba
prikkeldraad (de)	ეკლიანი მავთული	ek'liani mavtuli
verdedigingsobstakel (het)	გადაღობვა	gadaghobva
wachttoren (de)	კოშკურა	k'oshk'ura
hospitaal (het)	ჰოსპიტალი	hosp'it'ali
verwonden (ww)	დაჭრა	dach'ra
wond (de)	ჭრილობა	ch'riloba
gewonde (de)	დაჭრილი	dach'rili
gewond raken (ww)	ჭრილობის მიღება	ch'rilobis migheba
ernstig (~e wond)	მძიმე	mdzime

113. Oorlog. Militaire acties. Deel 2

krijgsgevangenschap (de)	ტყვე	t'qve
krijgsgevangen nemen	ტყვედ აყვანა	t'qved aqvana
krijgsgevangene zijn	ტყვედ ყოფნა	t'qved qopna
krijgsgevangen genomen worden	ტყვედ ჩავარდნა	t'qved chavardna
concentratiekamp (het)	საკონცენტრაციო ბანაკი	sak'ontsent'ratsio banak'i
krijgsgevangene (de)	ტყვე	t'qve
vluchten (ww)	გაქცევა	gaktseva
verraden (ww)	გაცემა	gatsema
verrader (de)	მოღალატე	moghalat'e
verraad (het)	გამცემლობა	gamtsemloba
fusilleren (executeren)	დახვრეტა	dakhvret'a
executie (de)	დახვრეტა	dakhvret'a
uitrusting (de)	ფორმის ტანსაცმელი	pormis t'ansatsmeli
schouderstuk (het)	სამხრეული	samkhreuli
gasmasker (het)	აირწინაღი	airts'inaghi
portofoon (de)	რაცია	ratsia
geheime code (de)	შიფრი	shipri
samenzwering (de)	კონსპირაცია	k'onsp'iratsia
wachtwoord (het)	პაროლი	p'aroli
mijn (landmijn)	ნაღმი	naghmi
ondermijnen (legden mijnen)	დანაღმვა	danaghmva
mijnenveld (het)	დანაღმული მინდორი	danaghmuli mindori
luchtalarm (het)	საჰაერო განგაში	sahaero gangashi
alarm (het)	განგაში	gangashi
signaal (het)	სიგნალი	signali
vuurpijl (de)	სასიგნალო რაკეტა	sasignalo rak'et'a
staf (generale ~)	შტაბი	sht'abi
verkenningstocht (de)	დაზვერვა	dazverva

toestand (de)	ვითარება	vitareba
rapport (het)	ანგარიში	angarishi
hinderlaag (de)	საფარი	sapari
versterking (de)	გამაგრება	gamagreba

doel (bewegend ~)	მიზანი	mizani
proefterrein (het)	პოლიგონი	p'oligoni
manoeuvres (mv.)	მანევრები	manevrebi

paniek (de)	თავზარი	tavzari
verwoesting (de)	დაქცევა	daktseva
verwoestingen (mv.)	ნგრევა	ngreva
verwoesten (ww)	დანგრევა	dangreva

overleven (ww)	გადარჩენა	gadarchena
ontwapenen (ww)	განიარაღება	ganiaragheba
behandelen (een pistool ~)	მოპყრობა	mop'qroba

| Geeft acht! | სმენა! | smena! |
| Op de plaats rust! | თავისუფლად! | tavisuplad! |

heldendaad (de)	გმირობა	gmiroba
eed (de)	ფიცი	pitsi
zweren (een eed doen)	დაფიცება	dapitseba

decoratie (de)	ჯილდო	jildo
onderscheiden (een ereteken geven)	დაჯილდოვება	dajildoveba
medaille (de)	მედალი	medali
orde (de)	ორდენი	ordeni

overwinning (de)	გამარჯვება	gamarjveba
verlies (het)	დამარცხება	damartskheba
wapenstilstand (de)	ზავი	zavi

wimpel (vaandel)	დროშა	drosha
roem (de)	დიდება	dideba
parade (de)	აღლუმი	aghlumi
marcheren (ww)	მარშით სვლა	marshit svla

114. Wapens

wapens (mv.)	იარაღი	iaraghi
vuurwapens (mv.)	ცეცხლსასროლი იარაღი	tsetskhlsasroli iaraghi
koude wapens (mv.)	ცივი იარაღი	tsivi iaraghi

chemische wapens (mv.)	ქიმიური იარაღი	kimiuri iaraghi
kern-, nucleair (bn)	ატომური	at'omuri
kernwapens (mv.)	ატომური იარაღი	at'omuri iaraghi

bom (de)	ბომბი	bombi
atoombom (de)	ატომური ბომბი	at'omuri bombi
pistool (het)	პისტოლეტი	p'ist'olet'i
geweer (het)	თოფი	topi

machinepistool (het)	ავტომატი	avt'omat'i
machinegeweer (het)	ტყვიამფრქვევი	t'qviamprkvevi
loop (schietbuis)	ლულა	lula
loop (bijv. geweer met kortere ~)	ლულა	lula
kaliber (het)	კალიბრი	k'alibri
trekker (de)	ჩახმახი	chakhmakhi
korrel (de)	სამიზნე	samizne
magazijn (het)	სავაზნე კოლოფი	savazne k'olopi
geweerkolf (de)	კონდახი	k'ondakhi
granaat (handgranaat)	ყუმბარა	qumbara
explosieven (mv.)	ასაფეთქებელი	asapetkebeli
kogel (de)	ტყვია	t'qvia
patroon (de)	ვაზნა	vazna
lading (de)	მუხტი	mukht'i
ammunitie (de)	საბრძოლო მასალა	sabrdzolo masala
bommenwerper (de)	ბომბდამშენი	bombdamsheni
straaljager (de)	გამანადგურებელი	gamanadgurebeli
helikopter (de)	ვერტმფრენი	vert'mpreni
afweergeschut (het)	საზენიტო იარაღი	sazenit'o iaraghi
tank (de)	ტანკი	t'ank'i
kanon (tank met een ~ van 76 mm)	ქვემეხი	kvemekhi
artillerie (de)	არტილერია	art'ileria
aanleggen (een wapen ~)	დამიზნება	damizneba
projectiel (het)	ჭურვი	ch'urvi
mortiergranaat (de)	ნაღმი	naghmi
mortier (de)	ნაღმტყორცნი	naghmt'qortsni
granaatscherf (de)	ნამტვრევი	namt'vrevi
duikboot (de)	წყალქვეშა ნავი	ts'qalkvesha navi
torpedo (de)	წყალქვეშა ნაღმი	ts'qalkvesha naghmi
raket (de)	რაკეტა	rak'et'a
laden (geweer, kanon)	დატენვა	dat'enva
schieten (ww)	სროლა	srola
richten op (mikken)	დამიზნება	damizneba
bajonet (de)	ხიშტი	khisht'i
degen (de)	დაშნა	dashna
sabel (de)	ხმალი	khmali
speer (de)	შუბი	shubi
boog (de)	მშვილდი	mshvildi
pijl (de)	ისარი	isari
musket (de)	მუშკეტი	mushk'et'i
kruisboog (de)	არბალეტი	arbalet'i

115. Oude mensen

primitief (bn)	პირველყოფილი	p'irvelqopili
voorhistorisch (bn)	წინაისტორიული	ts'inaist'oriuli
eeuwenoude (~ beschaving)	ძველი	dzveli
Steentijd (de)	ქვის ხანა	kvis khana
Bronstijd (de)	ბრინჯაოს ხანა	brinjaos khana
IJstijd (de)	გამყინვარების პერიოდი	gamqinvarebis p'eriodi
stam (de)	ტომი	t'omi
menseneter (de)	კაციჭამია	k'atsich'amia
jager (de)	მონადირე	monadire
jagen (ww)	ნადირობა	nadiroba
mammoet (de)	მამონტი	mamont'i
grot (de)	გამოქვაბული	gamokvabuli
vuur (het)	ცეცხლი	tsetskhli
kampvuur (het)	კოცონი	k'otsoni
rotstekening (de)	კლდეზე ნახატი	k'ldeze nakhat'i
werkinstrument (het)	შრომის იარაღი	shromis iaraghi
speer (de)	შუბი	shubi
stenen bijl (de)	ქვის ნაჯახი	kvis najakhi
oorlog voeren (ww)	ბრძოლა	brdzola
temmen (bijv. wolf ~)	მოშინაურება	moshinaureba
idool (het)	კერპი	k'erp'i
aanbidden (ww)	თაყვანისცემა	taqvanistsema
bijgeloof (het)	ცრურწმენა	tsrurts'mena
evolutie (de)	ევოლუცია	evolutsia
ontwikkeling (de)	განვითარება	ganvitareba
verdwijning (de)	გაუჩინარება	gauchinareba
zich aanpassen (ww)	შეგუება	shegueba
archeologie (de)	არქეოლოგია	arkeologia
archeoloog (de)	არქეოლოგი	arkeologi
archeologisch (bn)	არქეოლოგიური	arkeologiuri
opgravingsplaats (de)	გათხრები	gatkhrebi
opgravingen (mv.)	გათხრები	gatkhrebi
vondst (de)	აღმოჩენა	aghmochena
fragment (het)	ფრაგმენტი	pragment'i

116. Middeleeuwen

volk (het)	ხალხი	khalkhi
volkeren (mv.)	ხალხები	khalkhebi
stam (de)	ტომი	t'omi
stammen (mv.)	ტომები	t'omebi
barbaren (mv.)	ბარბაროსები	barbarosebi
Galliërs (mv.)	გალები	galebi

Goten (mv.)	გოთები	gotebi
Slaven (mv.)	სლავები	slavebi
Vikings (mv.)	ვიკინგები	vik'ingebi
Romeinen (mv.)	რომაელები	romaelebi
Romeins (bn)	რომაული	romauli
Byzantijnen (mv.)	ბიზანტიელები	bizant'ielebi
Byzantium (het)	ბიზანტია	bizant'ia
Byzantijns (bn)	ბიზანტიული	bizant'iuli
keizer (bijv. Romeinse ~)	იმპერატორი	imp'erat'ori
opperhoofd (het)	ბელადი	beladi
machtig (bn)	ძლევამოსილი	dzlevamosili
koning (de)	მეფე	mepe
heerser (de)	მართველი	martveli
ridder (de)	რაინდი	raindi
feodaal (de)	ფეოდალი	peodali
feodaal (bn)	ფეოდალური	peodaluri
vazal (de)	ვასალი	vasali
hertog (de)	ჰერცოგი	hertsogi
graaf (de)	გრაფი	grapi
baron (de)	ბარონი	baroni
bisschop (de)	ეპისკოპოსი	ep'isk'op'osi
harnas (het)	ჯავშანი	javshani
schild (het)	ფარი	pari
zwaard (het)	მახვილი	makhvili
vizier (het)	ჩაფხუტი	chapkhut'i
maliënkolder (de)	ჯაჭვის პერანგი	jach'vis p'erangi
kruistocht (de)	ჯვაროსნული ლაშქრობა	jvarosnuli lashkroba
kruisvaarder (de)	ჯვაროსანი	jvarosani
gebied (bijv. bezette ~en)	ტერიტორია	t'erit'oria
aanvallen (binnenvallen)	თავდასხმა	tavdaskhma
veroveren (ww)	დაპყრობა	dap'qroba
innemen (binnenvallen)	მიტაცება	mit'atseba
bezetting (de)	ალყა	alqa
bezet (bn)	ალყაშემორტყმული	alqashemort'qmuli
belegeren (ww)	ალყის შემორტყმა	alqis shemort'qma
inquisitie (de)	ინკვიზიცია	ink'vizitsia
inquisiteur (de)	ინკვიზიტორი	ink'vizit'ori
foltering (de)	წამება	ts'ameba
wreed (bn)	სასტიკი	sast'ik'i
ketter (de)	ერეტიკოსი	eret'ik'osi
ketterij (de)	მწვალებლობა	mts'valebloba
zeevaart (de)	ზღვაოსნობა	zghvaosnoba
piraat (de)	მეკობრე	mek'obre
piraterij (de)	მეკობრეობა	mek'obreoba
enteren (het)	აბორდაჟი	abordazhi

buit (de)	საშოვარი	sashovari
schatten (mv.)	განძი	gandzi
ontdekking (de)	აღმოჩენა	aghmochena
ontdekken (bijv. nieuw land)	გაღება	gagheba
expeditie (de)	ექსპედიცია	eksp'editsia
musketier (de)	მუშკეტერი	mushk'et'eri
kardinaal (de)	კარდინალი	k'ardinali
heraldiek (de)	ჰერალდიკა	heraldik'a
heraldisch (bn)	ჰერალდიკური	heraldik'uri

117. Leider. Baas. Autoriteiten

koning (de)	მეფე	mepe
koningin (de)	დედოფალი	dedopali
koninklijk (bn)	მეფური	mepuri
koninkrijk (het)	სამეფო	samepo
prins (de)	პრინცი	p'rintsi
prinses (de)	პრინცესა	p'rintsesa
president (de)	პრეზიდენტი	p'rezident'i
vicepresident (de)	ვიცე-პრეზიდენტი	vitse-p'rezident'i
senator (de)	სენატორი	senat'ori
monarch (de)	მონარქი	monarki
heerser (de)	მართველი	martveli
dictator (de)	დიქტატორი	dikt'at'ori
tiran (de)	ტირანი	t'irani
magnaat (de)	მაგნატი	magnat'i
directeur (de)	დირექტორი	direkt'ori
chef (de)	შეფი	shepi
beheerder (de)	მმართველი	mmartveli
baas (de)	ბოსი	bosi
eigenaar (de)	მეპატრონე	mep'at'rone
hoofd (bijv. ~ van de delegatie)	მეთაური	metauri
autoriteiten (mv.)	ხელისუფლება	khelisupleba
superieuren (mv.)	უფროსობა	uprosoba
gouverneur (de)	გუბერნატორი	gubernat'ori
consul (de)	კონსული	k'onsuli
diplomaat (de)	დიპლომატი	dip'lomat'i
burgemeester (de)	მერი	meri
sheriff (de)	შერიფი	sheripi
keizer (bijv. Romeinse ~)	იმპერატორი	imp'erat'ori
tsaar (de)	მეფე	mepe
farao (de)	ფარაონი	paraoni
kan (de)	ხანი	khani

118. De wet overtreden. Criminelen. Deel 1

bandiet (de)	ბანდიტი	bandit'i
misdaad (de)	დანაშაული	danashauli
misdadiger (de)	დამნაშავე	damnashave
dief (de)	ქურდი	kurdi
stelen (ww)	იქურდო	ikurdo
stelen (de)	ქურდობა	kurdoba
diefstal (de)	მოპარვა	mop'arva
kidnappen (ww)	მოიტაცო	moit'atso
kidnapping (de)	გატაცება	gat'atseba
kidnapper (de)	გამტაცებელი	gamt'atsebeli
losgeld (het)	გამოსასყიდი	gamosasqidi
eisen losgeld (ww)	გამოსასყიდის მოთხოვნა	gamosasqidis motkhovna
overvallen (ww)	ძარცვა	dzartsva
overvaller (de)	მძარცველი	mdzartsveli
afpersen (ww)	გამოძალვა	gamodzalva
afperser (de)	გამომძალველი	gamomdzalveli
afpersing (de)	გამომძალველობა	gamomdzalveloba
vermoorden (ww)	მოკვლა	mok'vla
moord (de)	მკვლელობა	mk'vleloba
moordenaar (de)	მკვლელი	mk'vleli
schot (het)	სროლა	srola
een schot lossen	გასროლა	gasrola
neerschieten (ww)	დახვრეტა	dakhvret'a
schieten (ww)	სროლა	srola
schieten (het)	სროლა	srola
ongeluk (gevecht, enz.)	შემთხვევა	shemtkhveva
gevecht (het)	ჩხუბი	chkhubi
slachtoffer (het)	მსხვერპლი	mskhverp'li
beschadigen (ww)	დაზიანება	dazianeba
schade (de)	ზარალი	zarali
lijk (het)	გვამი	gvami
zwaar (~ misdrijf)	მძიმე	mdzime
aanvallen (ww)	თავდასხმა	tavdaskhma
slaan (iemand ~)	დარტყმა	dart'qma
in elkaar slaan (toetakelen)	ცემა	tsema
ontnemen (beroven)	წართმევა	ts'artmeva
steken (met een mes)	დაკვლა	dak'vla
verminken (ww)	დამახინჯება	damakhinjeba
verwonden (ww)	დაჭრა	dach'ra
chantage (de)	შანტაჟი	shant'azhi
chanteren (ww)	დაშანტაჟება	dashant'azheba

chanteur (de)	შანტაჟისტი	shant'azhist'i
afpersing (de)	რეკეტი	rek'et'i
afperser (de)	რეკეტირი	rek'et'iri
gangster (de)	განქსტერი	gankst'eri
maffia (de)	მაფია	mapia
kruimeldief (de)	ჯიბის ქურდი	jibis kurdi
inbreker (de)	გამტეხელი	gamt'ekheli
smokkelen (het)	კონტრაბანდა	k'ont'rabanda
smokkelaar (de)	კონტრაბანდისტი	k'ont'rabandist'i
namaak (de)	ყალბი	qalbi
namaken (ww)	გაყალბება	gaqalbeba
namaak-, vals (bn)	ყალბი	qalbi

119. De wet overtreden. Criminelen. Deel 2

verkrachting (de)	გაუპატიურება	gaup'at'iureba
verkrachten (ww)	გაუპატიურება	gaup'at'iureba
verkrachter (de)	მოძალადე	modzalade
maniak (de)	მანიაკი	maniak'i
prostituee (de)	მეძავი	medzavi
prostitutie (de)	პროსტიტუცია	p'rost'it'utsia
pooier (de)	სუტენიორი	sut'eniori
drugsverslaafde (de)	ნარკომანი	nark'omani
drugshandelaar (de)	ნარკოტიკებით მოვაჭრე	nark'ot'ik'ebit movach're
opblazen (ww)	აფეთქება	apetkeba
explosie (de)	აფეთქება	apetkeba
in brand steken (ww)	ცეცხლის წაკიდება	tsetskhlis ts'ak'ideba
brandstichter (de)	ცეცხლის წამკიდებელი	tsetskhlis ts'amk'idebeli
terrorisme (het)	ტერორიზმი	t'erorizmi
terrorist (de)	ტერორისტი	t'erorist'i
gijzelaar (de)	მძევალი	mdzevali
bedriegen (ww)	მოტყუება	mot'queba
bedrog (het)	ტყუილი	t'quili
oplichter (de)	თაღლითი	taghliti
omkopen (ww)	გადაბირება	gadabireba
omkoperij (de)	მოსყიდვა	mosqidva
smeergeld (het)	ქრთამი	krtami
vergif (het)	შხამი	shkhami
vergiftigen (ww)	მოწამვლა	mots'amvla
vergif innemen (ww)	თავის მოწამვლა	tavis mots'amvla
zelfmoord (de)	თვითმკვლელობა	tvitmk'leloba
zelfmoordenaar (de)	თვითმკვლელი	tvitmk'vleli
bedreigen (bijv. met een pistool)	დამუქრება	damukreba

bedreiging (de)	მუქარა	mukara
een aanslag plegen	ხელყოფა	khelqopa
aanslag (de)	ხელყოფა	khelqopa
stelen (een auto)	გატაცება	gat'atseba
kapen (een vliegtuig)	გატაცება	gat'atseba
wraak (de)	შურისძიება	shurisdzieba
wreken (ww)	შურისძიება	shurisdzieba
martelen (gevangenen)	წამება	ts'ameba
foltering (de)	წამება	ts'ameba
folteren (ww)	წვალება	ts'valeba
piraat (de)	მეკობრე	mek'obre
straatschender (de)	ხულიგანი	khuligani
gewapend (bn)	შეიარაღებული	sheiaraghebuli
geweld (het)	ძალადობა	dzaladoba
spionage (de)	შპიონაჟი	shp'ionazhi
spioneren (ww)	ჯაშუშობა	jashushoba

120. Politie. Wet. Deel 1

gerecht (het)	სასამართლო	sasamartlo
gerechtshof (het)	სასამართლო	sasamartlo
rechter (de)	მოსამართლე	mosamartle
jury (de)	ნაფიცი მსაჯული	napitsi msajuli
juryrechtspraak (de)	ნაფიც მსაჯულთა სასამართლო	napits msajulta sasamartlo
berechten (ww)	გასამართლება	gasamartleba
advocaat (de)	ადვოკატი	advok'at'i
beklaagde (de)	ბრალდებული	braldebuli
beklaagdenbank (de)	ბრალდებულთა სკამი	braldebulta sk'ami
beschuldiging (de)	ბრალდება	braldeba
beschuldigde (de)	ბრალდებული	braldebuli
vonnis (het)	განაჩენი	ganacheni
veroordelen (in een rechtszaak)	განაჩენის გამოტანა	ganachenis gamot'ana
schuldige (de)	დამნაშავე	damnashave
straffen (ww)	დასჯა	dasja
bestraffing (de)	სასჯელი	sasjeli
boete (de)	ჯარიმა	jarima
levenslange opsluiting (de)	სამუდამო პატიმრობა	samudamo p'at'imroba
doodstraf (de)	სიკვდილით დასჯა	sik'vdilit dasja
elektrische stoel (de)	ელექტრო სკამი	elekt'ro sk'ami
schavot (het)	სახრჩობელა	sakhrchobela
executeren (ww)	დასჯა	dasja

executie (de)	სასჯელი	sasjeli
gevangenis (de)	ციხე	tsikhe
cel (de)	საკანი	sak'ani
konvooi (het)	ბადრაგი	badragi
gevangenisbewaker (de)	ზედამხედველი	zedamkhedveli
gedetineerde (de)	პატიმარი	p'at'imari
handboeien (mv.)	ხელბორკილები	khelbork'ilebi
handboeien omdoen	ხელბორკილის დადება	khelbork'ilis dadeba
ontsnapping (de)	გაქცევა	gaktseva
ontsnappen (ww)	გაქცევა	gaktseva
verdwijnen (ww)	გაუჩინარება	gauchinareba
vrijlaten (uit de gevangenis)	განთავისუფლება	gantavisupleba
amnestie (de)	ამინისტია	aminist'ia
politie (de)	პოლიცია	p'olitsia
politieagent (de)	პოლიციელი	p'olitsieli
politiebureau (het)	პოლიციის უბანი	p'olitsiis ubani
knuppel (de)	რეზინის ხელკეტი	rezinis khelk'et'i
megafoon (de)	ხმადიდი	khmadidi
patrouilleerwagen (de)	საპატრულო მანქანა	sap'at'rulo mankana
sirene (de)	სირენა	sirena
de sirene aansteken	საყვირის ჩართვა	saqviris chartva
geloei (het) van de sirene	საყვირის ხმა	saqviris khma
plaats delict (de)	შემთხვევის ადგილი	shemtkhvevis adgili
getuige (de)	მოწმე	mots'me
vrijheid (de)	თავისუფლება	tavisupleba
handlanger (de)	თანამზრახველი	tanamzrakhveli
ontvluchten (ww)	მიმალვა	mimalva
spoor (het)	კვალი	k'vali

121. Politie. Wet. Deel 2

opsporing (de)	ძებნა	dzebna
opsporen (ww)	ძებნა	dzebna
verdenking (de)	ეჭვი	ech'vi
verdacht (bn)	საეჭვო	saech'vo
aanhouden (stoppen)	გაჩერება	gachereba
tegenhouden (ww)	დაკავება	dak'aveba
strafzaak (de)	საქმე	sakme
onderzoek (het)	ძიება	dzieba
detective (de)	დეტექტივი	det'ekt'ivi
onderzoeksrechter (de)	გამომძიებელი	gamomdziebeli
versie (de)	ვერსია	versia
motief (het)	მოტივი	mot'ivi
verhoor (het)	დაკითხვა	dak'itkhva
ondervragen (door de politie)	დაკითხვა	dak'itkhva
ondervragen (omstanders ~)	გამოკითხვა	gamok'itkhva

controle (de)	შემოწმება	shemots'meba
razzia (de)	ალყა	alqa
huiszoeking (de)	ჩხრეკა	chkhrek'a
achtervolging (de)	დადევნება	dadevneba
achtervolgen (ww)	დევნა	devna
opsporen (ww)	თვალთვალი	tvaltvali
arrest (het)	პატიმრობა	p'at'imroba
arresteren (ww)	დაპატიმრება	dap'at'imreba
vangen, aanhouden (een dief, enz.)	დაკავება	dak'aveba
aanhouding (de)	დაჭერა	dach'era
document (het)	დოკუმენტი	dok'ument'i
bewijs (het)	მტკიცებულება	mt'k'itsebuleba
bewijzen (ww)	დამტკიცება	damt'k'itseba
voetspoor (het)	ნაფეხური	napekhuri
vingerafdrukken (mv.)	თითის ანაბეჭდი	titis anabech'di
bewijs (het)	სამხილი	samkhili
alibi (het)	ალიბი	alibi
onschuldig (bn)	უდანაშაულო	udanashaulo
onrecht (het)	უსამართლობა	usamartloba
onrechtvaardig (bn)	უსამართლობა	usamartloba
crimineel (bn)	კრიმინალური	k'riminaluri
confisqueren (in beslag nemen)	კონფისკაცია	k'onpisk'atsia
drug (de)	ნარკოტიკი	nark'ot'ik'i
wapen (het)	იარაღი	iaraghi
ontwapenen (ww)	განიარაღება	ganiaragheba
bevelen (ww)	ბრძანება	brdzaneba
verdwijnen (ww)	გაუჩინარება	gauchinareba
wet (de)	კანონი	k'anoni
wettelijk (bn)	კანონიერი	k'anonieri
onwettelijk (bn)	უკანონო	uk'anono
verantwoordelijkheid (de)	პასუხისმგებლობა	p'asukhismgebloba
verantwoordelijk (bn)	პასუხისმგებელი	p'asukhismgebeli

NATUUR

De Aarde. Deel 1

122. De kosmische ruimte

kosmos (de)	კოსმოსი	k'osmosi
kosmisch (bn)	კოსმოსური	k'osmosuri
kosmische ruimte (de)	კოსმოსური სივრცე	k'osmosuri sivrtse
wereld (de)	მსოფლიო	msoplio
heelal (het)	სამყარო	samqaro
sterrenstelsel (het)	გალაქტიკა	galakt'ik'a
ster (de)	ვარსკვლავი	varsk'vlavi
sterrenbeeld (het)	თანავარსკვლავედი	tanavarsk'vlavedi
planeet (de)	პლანეტა	p'lanet'a
satelliet (de)	თანამგზავრი	tanamgzavri
meteoriet (de)	მეტეორიტი	met'eorit'i
komeet (de)	კომეტა	k'omet'a
asteroïde (de)	ასტეროიდი	ast'eroidi
baan (de)	ორბიტა	orbit'a
draaien (om de zon, enz.)	ბრუნვა	brunva
atmosfeer (de)	ატმოსფერო	at'mospero
Zon (de)	მზე	mze
zonnestelsel (het)	მზის სისტემა	mzis sist'ema
zonsverduistering (de)	მზის დაბნელება	mzis dabneleba
Aarde (de)	დედამიწა	dedamits'a
Maan (de)	მთვარე	mtvare
Mars (de)	მარსი	marsi
Venus (de)	ვენერა	venera
Jupiter (de)	იუპიტერი	iup'it'eri
Saturnus (de)	სატურნი	sat'urni
Mercurius (de)	მერკური	merk'uri
Uranus (de)	ურანი	urani
Neptunus (de)	ნეპტუნი	nep't'uni
Pluto (de)	პლუტონი	p'lut'oni
Melkweg (de)	ირმის ნახტომი	irmis nakht'omi
Grote Beer (de)	დიდი დათვი	didi datvi
Poolster (de)	პოლარული ვარსკვლავი	p'olaruli varsk'vlavi
marsmannetje (het)	მარსიელი	marsieli
buitenaards wezen (het)	უცხოპლანეტელი	utskhop'lanet'eli

bovenaards (het)	სხვა სამყაროდან ჩამოსული	skhva samqarodan chamosuli
vliegende schotel (de)	მფრინავი თეფში	mprinavi tepshi
ruimtevaartuig (het)	კოსმოსური ხომალდი	k'osmosuri khomaldi
ruimtestation (het)	ორბიტალური სადგური	orbit'aluri sadguri
start (de)	სტარტი	st'art'i
motor (de)	ძრავა	dzrava
straalpijp (de)	საქშენი	saksheni
brandstof (de)	საწვავი	sats'vavi
cabine (de)	კაბინა	k'abina
antenne (de)	ანტენა	ant'ena
patrijspoort (de)	ილუმინატორი	iluminat'ori
zonnebatterij (de)	მზის ბატარეა	mzis bat'area
ruimtepak (het)	სკაფანდრი	sk'apandri
gewichtloosheid (de)	უწონადობა	uts'onadoba
zuurstof (de)	ჟანგბადი	zhangbadi
koppeling (de)	შეერთება	sheerteba
koppeling maken	შეერთების წარმოება	sheertebis ts'armoeba
observatorium (het)	ობსერვატორია	observat'oria
telescoop (de)	ტელესკოპი	t'elesk'op'i
waarnemen (ww)	დაკვირვება	dak'virveba
exploreren (ww)	გამოკვლევა	gamok'vleva

123. De Aarde

Aarde (de)	დედამიწა	dedamits'a
aardbol (de)	დედამიწის სფერო	dedamits'is spero
planeet (de)	პლანეტა	p'lanet'a
atmosfeer (de)	ატმოსფერო	at'mospero
aardrijkskunde (de)	გეოგრაფია	geograpia
natuur (de)	ბუნება	buneba
wereldbol (de)	გლობუსი	globusi
kaart (de)	რუკა	ruka
atlas (de)	ატლასი	at'lasi
Europa (het)	ევროპა	evrop'a
Azië (het)	აზია	azia
Afrika (het)	აფრიკა	aprik'a
Australië (het)	ავსტრალია	avst'ralia
Amerika (het)	ამერიკა	amerik'a
Noord-Amerika (het)	ჩრდილოეთ ამერიკა	chrdiloet amerik'a
Zuid-Amerika (het)	სამხრეთ ამერიკა	samkhret amerik'a
Antarctica (het)	ანტარქტიდა	ant'arkt'ida
Arctis (de)	არქტიკა	arkt'ik'a

124. Windrichtingen

noorden (het)	ჩრდილოეთი	chrdiloeti
naar het noorden	ჩრდილოეთისკენ	chrdiloetisk'en
in het noorden	ჩრდილოეთში	chrdiloetshi
noordelijk (bn)	ჩრდილოეთის	chrdiloetis
zuiden (het)	სამხრეთი	samkhreti
naar het zuiden	სამხრეთისკენ	samkhretisk'en
in het zuiden	სამხრეთში	samkhretshi
zuidelijk (bn)	სამხრეთის	samkhretis
westen (het)	დასავლეთი	dasavleti
naar het westen	დასავლეთისკენ	dasavletisk'en
in het westen	დასავლეთში	dasavletshi
westelijk (bn)	დასავლეთის	dasavletis
oosten (het)	აღმოსავლეთი	aghmosavleti
naar het oosten	აღმოსავლეთისკენ	aghmosavletisk'en
in het oosten	აღმოსავლეთში	aghmosavletshi
oostelijk (bn)	აღმოსავლეთის	aghmosavletis

125. Zee. Oceaan

zee (de)	ზღვა	zghva
oceaan (de)	ოკეანე	ok'eane
golf (baai)	ყურე	qure
straat (de)	სრუტე	srut'e
continent (het)	მატერიკი	mat'erik'i
eiland (het)	კუნძული	k'undzuli
schiereiland (het)	ნახევარკუნძული	nakhevark'undzuli
archipel (de)	არქიპელაგი	arkip'elagi
baai, bocht (de)	ყურე	qure
haven (de)	ნავსადგური	navsadguri
lagune (de)	ლაგუნა	laguna
kaap (de)	კონცხი	k'ontskhi
atol (de)	ატოლი	at'oli
rif (het)	რიფი	ripi
koraal (het)	მარჯანი	marjani
koraalrif (het)	მარჯნის რიფი	marjnis ripi
diep (bn)	ღრმა	ghrma
diepte (de)	სიღრმე	sighrme
diepzee (de)	უფსკრული	upsk'ruli
trog (bijv. Marianentrog)	ღრმული	ghrmuli
stroming (de)	დინება	dineba
omspoelen (ww)	გაბანა	gabana
oever (de)	ნაპირი	nap'iri
kust (de)	სანაპირო	sanap'iro

vloed (de)	მოქცევა	moktseva
eb (de)	მიქცევა	miktseva
ondiepte (ondiep water)	მეჩეჩი	mechechi
bodem (de)	ფსკერი	psk'eri

golf (hoge ~)	ტალღა	t'algha
golfkam (de)	ტალღის ქოჩორი	t'alghis kochori
schuim (het)	ქაფი	kapi

orkaan (de)	გრიგალი	grigali
tsunami (de)	ცუნამი	tsunami
windstilte (de)	მყუდროება	mqudroeba
kalm (bijv. ~e zee)	წყნარი	ts'qnari

pool (de)	პოლუსი	p'olusi
polair (bn)	პოლარული	p'olaruli

breedtegraad (de)	განედი	ganedi
lengtegraad (de)	გრძედი	grdzedi
parallel (de)	პარალელი	p'araleli
evenaar (de)	ეკვატორი	ek'vat'ori

hemel (de)	ცა	tsa
horizon (de)	ჰორიზონტი	horizont'i
lucht (de)	ჰაერი	haeri

vuurtoren (de)	შუქურა	shukura
duiken (ww)	ყვინთვა	qvintva
zinken (ov. een boot)	ჩაძირვა	chadzirva
schatten (mv.)	განძი	gandzi

126. Namen van zeeën en oceanen

Atlantische Oceaan (de)	ატლანტის ოკეანე	at'lant'is ok'eane
Indische Oceaan (de)	ინდოეთის ოკეანე	indoetis ok'eane
Stille Oceaan (de)	წყნარი ოკეანე	ts'qnari ok'eane
Noordelijke IJszee (de)	ჩრდილოეთის ყინულოვანი ოკეანე	chrdiloetis qinulovani ok'eane

Zwarte Zee (de)	შავი ზღვა	shavi zghva
Rode Zee (de)	წითელი ზღვა	ts'iteli zghva
Gele Zee (de)	ყვითელი ზღვა	qviteli zghva
Witte Zee (de)	თეთრი ზღვა	tetri zghva

Kaspische Zee (de)	კასპიის ზღვა	k'asp'iis zghva
Dode Zee (de)	მკვდარი ზღვა	mk'vdari zghva
Middellandse Zee (de)	ხმელთაშუა ზღვა	khmeltashua zghva

Egeïsche Zee (de)	ეგეოსის ზღვა	egeosis zghva
Adriatische Zee (de)	ადრიატიკის ზღვა	adriat'ik'is zghva

Arabische Zee (de)	არავიის ზღვა	araviis zghva
Japanse Zee (de)	იაპონიის ზღვა	iap'oniis zghva
Beringzee (de)	ბერინგის ზღვა	beringis zghva

Zuid-Chinese Zee (de)	სამხრეთ-ჩინეთის ზღვა	samkhret-chinetis zghva
Koraalzee (de)	მარჯნის ზღვა	marjnis zghva
Tasmanzee (de)	ტასმანიის ზღვა	t'asmaniis zghva
Caribische Zee (de)	კარიბის ზღვა	k'aribis zghva
Barentszzee (de)	ბარენცის ზღვა	barentsis zghva
Karische Zee (de)	კარსის ზღვა	k'arsis zghva
Noordzee (de)	ჩრდილოეთის ზღვა	chrdiloetis zghva
Baltische Zee (de)	ბალტიის ზღვა	balt'iis zghva
Noorse Zee (de)	ნორვეგიის ზღვა	norvegiis zghva

127. Bergen

berg (de)	მთა	mta
bergketen (de)	მთების ჯაჭვი	mtebis jach'vi
gebergte (het)	მთის ქედი	mtis kedi
bergtop (de)	მწვერვალი	mts'vervali
bergpiek (de)	პიკი	p'ik'i
voet (ov. de berg)	მთის ძირი	mtis dziri
helling (de)	ფერდობი	perdobi
vulkaan (de)	ვულკანი	vulk'ani
actieve vulkaan (de)	მოქმედი ვულკანი	mokmedi vulk'ani
uitgedoofde vulkaan (de)	ჩამქრალი ვულკანი	chamkrali vulk'ani
uitbarsting (de)	ამოფრქვევა	amoprkveva
krater (de)	კრატერი	k'rat'eri
magma (het)	მაგმა	magma
lava (de)	ლავა	lava
gloeiend (~e lava)	გავარვარებული	gavarvarebuli
kloof (canyon)	კანიონი	k'anioni
bergkloof (de)	ხეობა	kheoba
spleet (de)	ნაპრალი	nap'rali
bergpas (de)	უღელტეხილი	ughelt'ekhili
plateau (het)	პლატო	p'lat'o
klip (de)	კლდე	k'lde
heuvel (de)	ბორცვი	bortsvi
gletsjer (de)	მყინვარი	mqinvari
waterval (de)	ჩანჩქერი	chanchkeri
geiser (de)	გეიზერი	geizeri
meer (het)	ტბა	t'ba
vlakte (de)	ვაკე	vak'e
landschap (het)	პეიზაჟი	p'eizazhi
echo (de)	ექო	eko
alpinist (de)	ალპინისტი	alp'inist'i
bergbeklimmer (de)	მთასვლელი	mtasvleli
trotseren (berg ~)	დაპყრობა	dap'qroba
beklimming (de)	ასვლა	asvla

128. Bergen namen

Alpen (de)	ალპები	alp'ebi
Mont Blanc (de)	მონბლანი	monblani
Pyreneeën (de)	პირენეები	p'ireneebi
Karpaten (de)	კარპატები	k'arp'at'ebi
Oeralgebergte (het)	ურალის მთები	uralis mtebi
Kaukasus (de)	კავკასია	k'avk'asia
Elbroes (de)	იალბუზი	ialbuzi
Altaj (de)	ალტაი	alt'ai
Tiensjan (de)	ტიან-შანი	t'ian-shani
Pamir (de)	პამირი	p'amiri
Himalaya (de)	ჰიმალაი	himalai
Everest (de)	ევერესტი	everest'i
Andes (de)	ანდები	andebi
Kilimanjaro (de)	კილიმანჯარო	k'ilimanjaro

129. Rivieren

rivier (de)	მდინარე	mdinare
bron (~ van een rivier)	წყარო	ts'qaro
rivierbedding (de)	კალაპოტი	k'alap'ot'i
rivierbekken (het)	აუზი	auzi
uitmonden in ...	ჩადინება	chadineba
zijrivier (de)	შენაკადი	shenak'adi
oever (de)	ნაპირი	nap'iri
stroming (de)	დინება	dineba
stroomafwaarts (bw)	დინების ქვემოთ	dinebis kvemot
stroomopwaarts (bw)	დინების ზემოთ	dinebis zemot
overstroming (de)	წყალდიდობა	ts'qaldidoba
overstroming (de)	წყალდიდობა	ts'qaldidoba
buiten zijn oevers treden	გადმოსვლა	gadmosvla
overstromen (ww)	დატბორვა	dat'borva
zandbank (de)	თავთხელი	tavtkheli
stroomversnelling (de)	ზღურბლი	zghurbli
dam (de)	კაშხალი	k'ashkhali
kanaal (het)	არხი	arkhi
spaarbekken (het)	წყალსაცავი	ts'qalsatsavi
sluis (de)	რაბი	rabi
waterlichaam (het)	წყალსატევი	ts'qalsat'evi
moeras (het)	ჭაობი	ch'aobi
broek (het)	ჭანჭრობი	ch'anch'robi
draaikolk (de)	მორევი	morevi
stroom (de)	ნაკადული	nak'aduli

| drink- (abn) | სასმელი | sasmeli |
| zoet (~ water) | მტკნარი | mt'k'nari |

| IJs (het) | ყინული | qinuli |
| bevriezen (rivier, enz.) | გაყინვა | gaqinva |

130. Namen van rivieren

| Seine (de) | სენა | sena |
| Loire (de) | ლუარა | luara |

Theems (de)	ტემზა	t'emza
Rijn (de)	რეინი	reini
Donau (de)	დუნაი	dunai

Wolga (de)	ვოლგა	volga
Don (de)	დონი	doni
Lena (de)	ლენა	lena

Gele Rivier (de)	ხუანხე	khuankhe
Blauwe Rivier (de)	იანძი	iandzi
Mekong (de)	მეკონგი	mek'ongi
Ganges (de)	განგი	gangi

Nijl (de)	ნილოსი	nilosi
Kongo (de)	კონგო	k'ongo
Okavango (de)	ოკავანგო	ok'avango
Zambezi (de)	ზამბეზი	zambezi
Limpopo (de)	ლიმპოპო	limp'op'o
Mississippi (de)	მისისიპი	misisip'i

131. Bos

| bos (het) | ტყე | t'qe |
| bos- (abn) | ტყის | t'qis |

oerwoud (dicht bos)	ტევრი	t'evri
bosje (klein bos)	ჭალა	ch'ala
open plek (de)	მინდორი	mindori

| struikgewas (het) | ბარდები | bardebi |
| struiken (mv.) | ბუჩქნარი | buchknari |

| paadje (het) | ბილიკი | bilik'i |
| ravijn (het) | ხევი | khevi |

boom (de)	ხე	khe
blad (het)	ფოთოლი	potoli
gebladerte (het)	ფოთლეული	potleuli

| vallende bladeren (mv.) | ფოთოლცვენა | potoltsvena |
| vallen (ov. de bladeren) | ცვენა | tsvena |

boomtop (de)	კენწერო	k'ents'ero
tak (de)	ტოტი	t'ot'i
ent (de)	ნუჟრი	nuzhri
knop (de)	კვირტი	k'virt'i
naald (de)	წიწვი	ts'its'vi
dennenappel (de)	გირჩი	girchi
boom holte (de)	ფუღურო	pughuro
nest (het)	ბუდე	bude
hol (het)	სორო	soro
stam (de)	ტანი	t'ani
wortel (bijv. boom~s)	ფესვი	pesvi
schors (de)	ქერქი	kerki
mos (het)	ხავსი	khavsi
ontwortelen (een boom)	ამოძირკვა	amodzirk'va
kappen (een boom ~)	მოჭრა	moch'ra
ontbossen (ww)	გაჩეხვა	gachekhva
stronk (de)	კუნძი	k'undzi
kampvuur (het)	კოცონი	k'otsoni
bosbrand (de)	ხანძარი	khandzari
blussen (ww)	ჩაქრობა	chakroba
boswachter (de)	მეტყევე	met'qeve
bescherming (de)	დაცვა	datsva
beschermen (bijv. de natuur ~)	დაცვა	datsva
stroper (de)	ბრაკონიერი	brak'onieri
val (de)	ხაფანგი	khapangi
plukken (vruchten, enz.)	კრეფა	k'repa
verdwalen (de weg kwijt zijn)	გზის დაბნევა	gzis dabneva

132. Natuurlijke hulpbronnen

natuurlijke rijkdommen (mv.)	ბუნებრივი რესურსები	bunebrivi resursebi
delfstoffen (mv.)	სასარგებლო წიაღისეული	sasargeblo ts'iaghiseuli
lagen (mv.)	საბადო	sabado
veld (bijv. olie~)	საბადო	sabado
winnen (uit erts ~)	მოპოვება	mop'oveba
winning (de)	მოპოვება	mop'oveba
erts (het)	მადანი	madani
mijn (bijv. kolenmijn)	მადნეული	madneuli
mijnschacht (de)	შახტი	shakht'i
mijnwerker (de)	მეშახტე	meshakht'e
gas (het)	გაზი	gazi
gasleiding (de)	გაზსადენი	gazsadeni
olie (aardolie)	ნავთობი	navtobi
olieleiding (de)	ნავთობსადენი	navtobsadeni

oliebron (de)	ნავთობის კოშკურა	navtobis k'oshk'ura
boortoren (de)	საბურღი კოშკურა	saburghi k'oshk'ura
tanker (de)	ტანკერი	t'ank'eri
zand (het)	ქვიშა	kvisha
kalksteen (de)	კირქვა	k'irkva
grind (het)	ხრეში	khreshi
veen (het)	ტორფი	t'orpi
klei (de)	თიხა	tikha
steenkool (de)	ქვანახშირი	kvanakhshiri
IJzer (het)	რკინა	rk'ina
goud (het)	ოქრო	okro
zilver (het)	ვერცხლი	vertskhli
nikkel (het)	ნიკელი	nik'eli
koper (het)	სპილენძი	sp'ilendzi
zink (het)	თუთია	tutia
mangaan (het)	მარგანეცი	marganetsi
kwik (het)	ვერცხლისწყალი	vertskhlists'qali
lood (het)	ტყვია	t'qvia
mineraal (het)	მინერალი	minerali
kristal (het)	კრისტალი	k'rist'ali
marmer (het)	მარმარილო	marmarilo
uraan (het)	ურანი	urani

De Aarde. Deel 2

133. Weer

weer (het)	ამინდი	amindi
weersvoorspelling (de)	ამინდის პროგნოზი	amindis p'rognozi
temperatuur (de)	ტემპერატურა	t'emp'erat'ura
thermometer (de)	თერმომეტრი	termomet'ri
barometer (de)	ბარომეტრი	baromet'ri
vochtigheid (de)	ტენიანობა	t'enianoba
hitte (de)	სიცხე	sitskhe
heet (bn)	ცხელი	tskheli
het is heet	ცხელი	tskheli
het is warm	თბილა	tbila
warm (bn)	თბილი	tbili
het is koud	სიცივე	sitsive
koud (bn)	ცივი	tsivi
zon (de)	მზე	mze
schijnen (de zon)	ანათებს	anatebs
zonnig (~e dag)	მზიანი	mziani
opgaan (ov. de zon)	ამოსვლა	amosvla
ondergaan (ww)	ჩასვლა	chasvla
wolk (de)	ღრუბელი	ghrubeli
bewolkt (bn)	ღრუბლიანი	ghrubliani
regenwolk (de)	ღრუბელი	ghrubeli
somber (bn)	მოღრუბლული	moghrubluli
regen (de)	წვიმა	ts'vima
het regent	წვიმა მოდის	ts'vima modis
regenachtig (bn)	წვიმიანი	ts'vimiani
motregenen (ww)	ჟინჟღვლა	zhinzhghvla
plensbui (de)	კოკისპირული	k'ok'isp'iruli
stortbui (de)	თავსხმა	tavskhma
hard (bn)	ძლიერი	dzlieri
plas (de)	გუბე	gube
nat worden (ww)	დასველება	dasveleba
mist (de)	ნისლი	nisli
mistig (bn)	ნისლიანი	nisliani
sneeuw (de)	თოვლი	tovli
het sneeuwt	თოვლი მოდის	tovli modis

134. Zwaar weer. Natuurrampen

noodweer (storm)	ჭექა	ch'eka
bliksem (de)	მეხი	mekhi
flitsen (ww)	ელვარება	elvareba
donder (de)	ქუხილი	kukhili
donderen (ww)	ქუხილი	kukhili
het dondert	ქუხს	kukhs
hagel (de)	სეტყვა	set'qva
het hagelt	სეტყვა მოდის	set'qva modis
overstromen (ww)	წალეკვა	ts'alek'va
overstroming (de)	წყალდიდობა	ts'qaldidoba
aardbeving (de)	მიწისძვრა	mits'isdzvra
aardschok (de)	ბიძგი	bidzgi
epicentrum (het)	ეპიცენტრი	ep'itsent'ri
uitbarsting (de)	ამოფრქვევა	amoprkveva
lava (de)	ლავა	lava
wervelwind (de)	გრიგალი	grigali
windhoos (de)	ტორნადო	t'ornado
tyfoon (de)	ტაიფუნი	t'aipuni
orkaan (de)	გრიგალი	grigali
storm (de)	ქარიშხალი	karishkhali
tsunami (de)	ცუნამი	tsunami
cycloon (de)	ციკლონი	tsik'loni
onweer (het)	უამინდობა	uamindoba
brand (de)	ხანძარი	khandzari
ramp (de)	კატასტროფა	k'at'ast'ropa
meteoriet (de)	მეტეორიტი	met'eorit'i
lawine (de)	ზვავი	zvavi
sneeuwverschuiving (de)	ჩამოქცევა	chamoktseva
sneeuwjacht (de)	ქარბუქი	karbuki
sneeuwstorm (de)	ბუქი	buki

Fauna

135. Zoogdieren. Roofdieren

roofdier (het)	მტაცებელი	mt'atsebeli
tijger (de)	ვეფხვი	vepkhvi
leeuw (de)	ლომი	lomi
wolf (de)	მგელი	mgeli
vos (de)	მელა	mela
jaguar (de)	იაგუარი	iaguari
luipaard (de)	ლეოპარდი	leop'ardi
jachtluipaard (de)	გეპარდი	gep'ardi
panter (de)	ავაზა	avaza
poema (de)	პუმა	p'uma
sneeuwluipaard (de)	თოვლის ჯიქი	tovlis jiki
lynx (de)	ფოცხვერი	potskhveri
coyote (de)	კოიოტი	k'oiot'i
jakhals (de)	ტურა	t'ura
hyena (de)	გიენა	giena

136. Wilde dieren

dier (het)	ცხოველი	tskhoveli
beest (het)	მხეცი	mkhetsi
eekhoorn (de)	ციყვი	tsiqvi
egel (de)	ზღარბი	zgharbi
haas (de)	კურდღელი	k'urdgheli
konijn (het)	ბოცვერი	botsveri
das (de)	მაჩვი	machvi
wasbeer (de)	ენოტი	enot'i
hamster (de)	ზაზუნა	zazuna
marmot (de)	ზაზუნა	zazuna
mol (de)	თხუნელა	tkhunela
muis (de)	თაგვი	tagvi
rat (de)	ვირთხა	virtkha
vleermuis (de)	ღამურა	ghamura
hermelijn (de)	ყარყუმი	qarqumi
sabeldier (het)	სიასამური	siasamuri
marter (de)	კვერნა	k'verna
wezel (de)	სინდიოფალა	sindiopala
nerts (de)	წაულა	ts'aula

bever (de)	თახვი	takhvi
otter (de)	წავი	ts'avi
paard (het)	ცხენი	tskheni
eland (de)	ცხენ-ირემი	tskhen-iremi
hert (het)	ირემი	iremi
kameel (de)	აქლემი	aklemi
bizon (de)	ბიზონი	bizoni
oeros (de)	დომბა	domba
buffel (de)	კამეჩი	k'amechi
zebra (de)	ზებრა	zebra
antilope (de)	ანტილოპა	ant'ilop'a
ree (de)	შველი	shveli
damhert (het)	ფურ-ირემი	pur-iremi
gems (de)	ქურციკი	kurtsik'i
everzwijn (het)	ტახი	t'akhi
walvis (de)	ვეშაპი	veshap'i
rob (de)	სელაპი	selap'i
walrus (de)	ლომვეშაპი	lomveshap'i
zeehond (de)	ზღვის კატა	zghvis k'at'a
dolfijn (de)	დელფინი	delpini
beer (de)	დათვი	datvi
IJsbeer (de)	თეთრი დათვი	tetri datvi
panda (de)	პანდა	p'anda
aap (de)	მაიმუნი	maimuni
chimpansee (de)	შიმპანზე	shimp'anze
orang-oetan (de)	ორანგუტანი	orangut'ani
gorilla (de)	გორილა	gorila
makaak (de)	მაკაკა	mak'ak'a
gibbon (de)	გიბონი	giboni
olifant (de)	სპილო	sp'ilo
neushoorn (de)	მარტორქა	mart'orka
giraffe (de)	ჟირაფი	zhirapi
nijlpaard (het)	ბეჰემოთი	behemoti
kangoeroe (de)	კენგურუ	k'enguru
koala (de)	კოალა	k'oala
mangoest (de)	მანგუსტი	mangust'i
chinchilla (de)	შინშილა	shinshila
stinkdier (het)	თრითინა	tritina
stekelvarken (het)	მაჩვზღარბა	machvzgharba

137. Huisdieren

poes (de)	კატა	k'at'a
kater (de)	ხვადი კატა	khvadi k'at'a
paard (het)	ცხენი	tskheni

hengst (de)	ულაყი	ulaqi
merrie (de)	ფაშატი	pashat'i
koe (de)	ძროხა	dzrokha
stier (de)	ხარი	khari
os (de)	ხარი	khari
schaap (het)	დედალი ცხვარი	dedali tskhvari
ram (de)	ცხვარი	tskhvari
geit (de)	თხა	tkha
bok (de)	ვაცი	vatsi
ezel (de)	ვირი	viri
muilezel (de)	ჯორი	jori
varken (het)	ღორი	ghori
biggetje (het)	გოჭი	goch'i
konijn (het)	ბოცვერი	botsveri
kip (de)	ქათამი	katami
haan (de)	მამალი	mamali
eend (de)	იხვი	ikhvi
woerd (de)	მამალი იხვი	mamali ikhvi
gans (de)	ბატი	bat'i
kalkoen haan (de)	ინდაური	indauri
kalkoen (de)	დედალი ინდაური	dedali indauri
huisdieren (mv.)	შინაური ცხოველები	shinauri tskhovelebi
tam (bijv. hamster)	მოშინაურებული	moshinaurebuli
temmen (tam maken)	მოშინაურება	moshinaureba
fokken (bijv. paarden ~)	გამოზრდა	gamozrda
boerderij (de)	ფერმა	perma
gevogelte (het)	შინაური ფრინველი	shinauri prinveli
rundvee (het)	საქონელი	sakoneli
kudde (de)	ჯოგი	jogi
paardenstal (de)	თავლა	tavla
zwijnenstal (de)	საღორე	saghore
koeienstal (de)	ბოსელი	boseli
konijnenhok (het)	საკურდღლე	sak'urdghle
kippenhok (het)	საქათმე	sakatme

138. Vogels

vogel (de)	ფრინველი	prinveli
duif (de)	მტრედი	mt'redi
mus (de)	ბეღურა	beghura
koolmees (de)	წიწკანა	ts'its'k'ana
ekster (de)	კაჭკაჭი	k'ach'k'ach'i
raaf (de)	ყვავი	qvavi
kraai (de)	ყვავი	qvavi

kauw (de)	ჭკა	ch'k'a
roek (de)	ჭილყვავი	ch'ilqvavi
eend (de)	იხვი	ikhvi
gans (de)	ბატი	bat'i
fazant (de)	ხოხობი	khokhobi
arend (de)	არწივი	arts'ivi
havik (de)	ქორი	kori
valk (de)	შევარდენი	shevardeni
gier (de)	ორბი	orbi
condor (de)	კონდორი	k'ondori
zwaan (de)	გედი	gedi
kraanvogel (de)	წერო	ts'ero
ooievaar (de)	ყარყატი	qarqat'i
papegaai (de)	თუთიყუში	tutiqushi
kolibrie (de)	კოლიბრი	k'olibri
pauw (de)	ფარშევანგი	parshevangi
struisvogel (de)	სირაქლემა	siraklema
reiger (de)	ყანჩა	qancha
flamingo (de)	ფლამინგო	plamingo
pelikaan (de)	ვარხვი	varkhvi
nachtegaal (de)	ბულბული	bulbuli
zwaluw (de)	მერცხალი	mertskhali
lijster (de)	შაშვი	shashvi
zanglijster (de)	შაშვი მგალობელი	shashvi mgalobeli
merel (de)	შავი შაშვი	shavi shashvi
gierzwaluw (de)	ნამგალა	namgala
leeuwerik (de)	ტოროლა	t'orola
kwartel (de)	მწყერი	mts'qeri
specht (de)	კოდალა	k'odala
koekoek (de)	გუგული	guguli
uil (de)	ბუ	bu
oehoe (de)	ჭოტი	ch'ot'i
auerhoen (het)	ყრუანჩელა	qruanchela
korhoen (het)	როჭო	roch'o
patrijs (de)	კაკაბი	k'ak'abi
spreeuw (de)	შოშია	shoshia
kanarie (de)	იადონი	iadoni
hazelhoen (het)	გნოლქათამა	gnolkatama
vink (de)	სკვინჩა	sk'vincha
goudvink (de)	სტვენია	st'venia
meeuw (de)	თოლია	tolia
albatros (de)	ალბატროსი	albat'rosi
pinguïn (de)	პინგვინი	p'ingvini

139. Vis. Zeedieren

brasem (de)	კაპარჭინა	k'ap'arch'ina
karper (de)	კობრი	k'obri
baars (de)	ქორჭილა	korch'ila
meerval (de)	ლოქო	loko
snoek (de)	ქარიყლაპია	kariqlap'ia
zalm (de)	ორაგული	oraguli
steur (de)	თართი	tarti
haring (de)	ქაშაყი	kashaqi
atlantische zalm (de)	გოჯი	goji
makreel (de)	სკუმბრია	sk'umbria
platvis (de)	კამბალა	k'ambala
snoekbaars (de)	ფარგა	parga
kabeljauw (de)	ვირთევზა	virtevza
tonijn (de)	თინუსი	tinusi
forel (de)	კალმახი	k'almakhi
paling (de)	გველთევზა	gveltevza
sidderrog (de)	ელექტრული სკაროსი	elekt'ruli sk'arosi
murene (de)	მურენა	murena
piranha (de)	პირანია	p'irania
haai (de)	ზვიგენი	zvigeni
dolfijn (de)	დელფინი	delpini
walvis (de)	ვეშაპი	veshap'i
krab (de)	კიბორჩხალა	k'iborchkhala
kwal (de)	მედუზა	meduza
octopus (de)	რვაფეხა	rvapekha
zeester (de)	ზღვის ვარსკვლავი	zghvis varsk'vlavi
zee-egel (de)	ზღვის ზღარბი	zghvis zgharbi
zeepaardje (het)	ცხენთევზა	tskhentevza
oester (de)	ხამანწკა	khamants'k'a
garnaal (de)	კრევეტი	k'revet'i
kreeft (de)	ასთაკვი	astak'vi
langoest (de)	ლანგუსტი	langust'i

140. Amfibieën. Reptielen

slang (de)	გველი	gveli
giftig (slang)	შხამიანი	shkhamiani
adder (de)	გველგესლა	gvelgesla
cobra (de)	კობრა	k'obra
python (de)	პითონი	p'itoni
boa (de)	მახრჩობელა გველი	makhrchobela gveli
ringslang (de)	ანკარა	ank'ara

ratelslang (de)	ჩხრიალა გველი	chkhriala gveli
anaconda (de)	ანაკონდა	anak'onda
hagedis (de)	ხვლიკი	khvlik'i
leguaan (de)	იგუანა	iguana
varaan (de)	ვარანი	varani
salamander (de)	სალამანდრა	salamandra
kameleon (de)	ქამელეონი	kameleoni
schorpioen (de)	მორიელი	morieli
schildpad (de)	კუ	k'u
kikker (de)	ბაყაყი	baqaqi
pad (de)	გომბეშო	gombesho
krokodil (de)	ნიანგი	niangi

141. Insecten

insect (het)	მწერი	mts'eri
vlinder (de)	პეპელა	p'ep'ela
mier (de)	ჭიანჭველა	ch'ianch'vela
vlieg (de)	ბუზი	buzi
mug (de)	კოღო	k'ogho
kever (de)	ხოჭო	khoch'o
wesp (de)	ბზიკი	bzik'i
bij (de)	ფუტკარი	put'k'ari
hommel (de)	კელა	k'ela
horzel (de)	კრაზანა	k'razana
spin (de)	ობობა	oboba
spinnenweb (het)	აბლაბუდა	ablabuda
libel (de)	ჭრიჭინა	ch'rich'ina
sprinkhaan (de)	კალია	k'alia
nachtvlinder (de)	ფარვანა	parvana
kakkerlak (de)	აბანოს ჭია	abanos ch'ia
mijt (de)	ტკიპა	t'k'ip'a
vlo (de)	რწყილი	rts'qili
kriebelmug (de)	ქინქლა	kinkla
treksprinkhaan (de)	კალია	k'alia
slak (de)	ლოკოკინა	lok'ok'ina
krekel (de)	ჭრიჭინა	ch'rich'ina
glimworm (de)	ციცინათელა	tsitsinatela
lieveheersbeestje (het)	ჭია მაია	ch'ia maia
meikever (de)	მაისის ხოჭო	maisis khoch'o
bloedzuiger (de)	წურბელა	ts'urbela
rups (de)	მუხლუხი	mukhlukhi
aardworm (de)	ჭია	ch'ia
larve (de)	მატლი	mat'li

Flora

142. Bomen

boom (de)	ხე	khe
loof- (abn)	ფოთლოვანი	potlovani
dennen- (abn)	წიწვოვანი	ts'its'vovani
groenblijvend (bn)	მარადმწვანე	maradmts'vane
appelboom (de)	ვაშლის ხე	vashlis khe
perenboom (de)	მსხალი	mskhali
zoete kers (de)	ბალი	bali
zure kers (de)	ალუბალი	alubali
pruimelaar (de)	ქლიავი	kliavi
berk (de)	არყის ხე	arqis khe
eik (de)	მუხა	mukha
linde (de)	ცაცხვი	tsatskhvi
esp (de)	ვერხვი	verkhvi
esdoorn (de)	ნეკერჩხალი	nek'erchkhali
spar (de)	ნაძვის ხე	nadzvis khe
den (de)	ფიჭვი	pich'vi
lariks (de)	ლარიქსი	lariksi
zilverspar (de)	სოჭი	soch'i
ceder (de)	კედარი	k'edari
populier (de)	ალვის ხე	alvis khe
lijsterbes (de)	ცირცელი	tsirtseli
wilg (de)	ტირიფი	t'iripi
els (de)	მურყანი	murqani
beuk (de)	წიფელი	ts'ipeli
iep (de)	თელა	tela
es (de)	იფანი	ipani
kastanje (de)	წაბლი	ts'abli
magnolia (de)	მაგნოლია	magnolia
palm (de)	პალმა	p'alma
cipres (de)	კვიპაროსი	k'vip'arosi
mangrove (de)	მანგოს ხე	mangos khe
baobab (apenbroodboom)	ბაობაბი	baobabi
eucalyptus (de)	ევკალიპტი	evk'alip't'i
mammoetboom (de)	სექვოია	sekvoia

143. Heesters

struik (de)	ბუჩქი	buchki
heester (de)	ბუჩქნარი	buchknari

wijnstok (de)	ყურძენი	qurdzeni
wijngaard (de)	ვენახი	venakhi
frambozenstruik (de)	ჟოლო	zholo
rode bessenstruik (de)	წითელი მოცხარი	ts'iteli motskhari
kruisbessenstruik (de)	ხურტკმელი	khurt'k'meli
acacia (de)	აკაცია	ak'atsia
zuurbes (de)	კოწახური	k'ots'akhuri
jasmijn (de)	ჟასმინი	zhasmini
jeneverbes (de)	ღვია	ghvia
rozenstruik (de)	ვარდის ბუჩქი	vardis buchki
hondsroos (de)	ასკილი	ask'ili

144. Vruchten. Bessen

appel (de)	ვაშლი	vashli
peer (de)	მსხალი	mskhali
pruim (de)	ქლიავი	kliavi
aardbei (de)	მარწყვი	marts'qvi
zure kers (de)	ალუბალი	alubali
zoete kers (de)	ბალი	bali
druif (de)	ყურძენი	qurdzeni
framboos (de)	ჟოლო	zholo
zwarte bes (de)	შავი მოცხარი	shavi motskhari
rode bes (de)	წითელი მოცხარი	ts'iteli motskhari
kruisbes (de)	ხურტკმელი	khurt'k'meli
veenbes (de)	შტოში	sht'oshi
sinaasappel (de)	ფორთოხალი	portokhali
mandarijn (de)	მანდარინი	mandarini
ananas (de)	ანანასი	ananasi
banaan (de)	ბანანი	banani
dadel (de)	ფინიკი	pinik'i
citroen (de)	ლიმონი	limoni
abrikoos (de)	გარგარი	gargari
perzik (de)	ატამი	at'ami
kiwi (de)	კივი	k'ivi
grapefruit (de)	გრეიფრუტი	greiprut'i
bes (de)	კენკრა	k'enk'ra
bessen (mv.)	კენკრა	k'enk'ra
vossenbes (de)	წითელი მოცვი	ts'iteli motsvi
bosaardbei (de)	მარწყვი	marts'qvi
bosbes (de)	მოცვი	motsvi

145. Bloemen. Planten

bloem (de)	ყვავილი	qvavili
boeket (het)	თაიგული	taiguli

roos (de)	ვარდი	vardi
tulp (de)	ტიტა	t'it'a
anjer (de)	მიხაკი	mikhak'i
gladiool (de)	გლადიოლუსი	gladiolusi
korenbloem (de)	ღიღილო	ghighilo
klokje (het)	მაჩიტა	machit'a
paardenbloem (de)	ბაბუაწვერა	babuats'vera
kamille (de)	გვირილა	gvirila
aloë (de)	ალოე	aloe
cactus (de)	კაქტუსი	k'akt'usi
ficus (de)	ფიკუსი	pik'usi
lelie (de)	შროშანი	shroshani
geranium (de)	ნემსიწვერა	nemsits'vera
hyacint (de)	ჰიაცინტი	hiatsint'i
mimosa (de)	მიმოზა	mimoza
narcis (de)	ნარგიზი	nargizi
Oostindische kers (de)	ნასტურცია	nast'urtsia
orchidee (de)	ორქიდეა	orkidea
pioenroos (de)	იორდასალამი	iordasalami
viooltje (het)	ია	ia
driekleurig viooltje (het)	სამფერა ია	sampera ia
vergeet-mij-nietje (het)	კესანე	k'esane
madeliefje (het)	ზიზილა	zizila
papaver (de)	ყაყაჩო	qaqacho
hennep (de)	კანაფი	k'anapi
munt (de)	პიტნა	p'it'na
lelietje-van-dalen (het)	შროშანა	shroshana
sneeuwklokje (het)	ენძელა	endzela
brandnetel (de)	ჭინჭარი	ch'inch'ari
veldzuring (de)	მჟაუნა	mzhauna
waterlelie (de)	წყლის შროშანი	ts'qlis shroshani
varen (de)	გვიმრა	gvimra
korstmos (het)	ლიქენა	likena
oranjerie (de)	ორანჟერეა	oranzherea
gazon (het)	გაზონი	gazoni
bloemperk (het)	ყვავილნარი	qvavilnari
plant (de)	მცენარე	mtsenare
gras (het)	ბალახი	balakhi
grasspriet (de)	ბალახის ღერო	balakhis ghero
blad (het)	ფოთოლი	potoli
bloemblad (het)	ფურცელი	purtseli
stengel (de)	ღერო	ghero
knol (de)	ბოლქვი	bolkvi
scheut (de)	ღივი	ghivi

doorn (de)	ეკალი	ek'ali
bloeien (ww)	ყვავილობა	qvaviloba
verwelken (ww)	ჭკნობა	ch'k'noba
geur (de)	სუნი	suni
snijden (bijv. bloemen ~)	მოჭრა	moch'ra
plukken (bloemen ~)	მოწყვეტა	mots'qvet'a

146. Granen, graankorrels

graan (het)	მარცვალი	martsvali
graangewassen (mv.)	მარცვლეული მცენარე	martsvleuli mtsenare
aar (de)	თავთავი	tavtavi
tarwe (de)	ხორბალი	khorbali
rogge (de)	ჭვავი	ch'vavi
haver (de)	შვრია	shvria
gierst (de)	ფეტვი	pet'vi
gerst (de)	ქერი	keri
maïs (de)	სიმინდი	simindi
rijst (de)	ბრინჯი	brinji
boekweit (de)	წიწიბურა	ts'its'ibura
erwt (de)	ბარდა	barda
boon (de)	ლობიო	lobio
soja (de)	სოია	soia
linze (de)	ოსპი	osp'i
bonen (mv.)	პარკები	p'ark'ebi

LANDEN. NATIONALITEITEN

147. West-Europa

Europa (het)	ევროპა	evrop'a
Europese Unie (de)	ევროპის კავშირი	evrop'is k'avshiri
Oostenrijk (het)	ავსტრია	avst'ria
Groot-Brittannië (het)	დიდი ბრიტანეთი	didi brit'aneti
Engeland (het)	ინგლისი	inglisi
België (het)	ბელგია	belgia
Duitsland (het)	გერმანია	germania
Nederland (het)	ნიდერლანდები	niderlandebi
Holland (het)	ჰოლანდია	holandia
Griekenland (het)	საბერძნეთი	saberdzneti
Denemarken (het)	დანია	dania
Ierland (het)	ირლანდია	irlandia
IJsland (het)	ისლანდია	islandia
Spanje (het)	ესპანეთი	esp'aneti
Italië (het)	იტალია	it'alia
Cyprus (het)	კვიპროსი	k'vip'rosi
Malta (het)	მალტა	malt'a
Noorwegen (het)	ნორვეგია	norvegia
Portugal (het)	პორტუგალია	p'ort'ugalia
Finland (het)	ფინეთი	pineti
Frankrijk (het)	საფრანგეთი	saprangeti
Zweden (het)	შვეცია	shvetsia
Zwitserland (het)	შვეიცარია	shveitsaria
Schotland (het)	შოტლანდია	shot'landia
Vaticaanstad (de)	ვატიკანი	vat'ik'ani
Liechtenstein (het)	ლიხტენშტეინი	likht'ensht'eini
Luxemburg (het)	ლუქსემბურგი	luksemburgi
Monaco (het)	მონაკო	monak'o

148. Centraal- en Oost-Europa

Albanië (het)	ალბანეთი	albaneti
Bulgarije (het)	ბულგარეთი	bulgareti
Hongarije (het)	უნგრეთი	ungreti
Letland (het)	ლატვია	lat'via
Litouwen (het)	ლიტვა	lit'va
Polen (het)	პოლონეთი	p'oloneti

Roemenië (het)	რუმინეთი	rumineti
Servië (het)	სერბია	serbia
Slowakije (het)	სლოვაკია	slovak'ia
Kroatië (het)	ხორვატია	khorvat'ia
Tsjechië (het)	ჩეხეთი	chekheti
Estland (het)	ესტონეთი	est'oneti
Bosnië en Herzegovina (het)	ბოსნია და ჰერცოგოვინა	bosnia da hertsogovina
Macedonië (het)	მაკედონია	mak'edonia
Slovenië (het)	სლოვენია	slovenia
Montenegro (het)	ჩერნოგორია	chernogoria

149. Voormalige USSR landen

Azerbeidzjan (het)	აზერბაიჯანი	azerbaijani
Armenië (het)	სომხეთი	somkheti
Wit-Rusland (het)	ბელორუსია	belorusia
Georgië (het)	საქართველო	sakartvelo
Kazakstan (het)	ყაზახეთი	qazakheti
Kirgizië (het)	ყირგიზეთი	qirgizeti
Moldavië (het)	მოლდოვა	moldova
Rusland (het)	რუსეთი	ruseti
Oekraïne (het)	უკრაინა	uk'raina
Tadzjikistan (het)	ტაჯიკეთი	t'ajik'eti
Turkmenistan (het)	თურქმენეთი	turkmeneti
Oezbekistan (het)	უზბეკეთი	uzbek'eti

150. Azië

Azië (het)	აზია	azia
Vietnam (het)	ვიეტნამი	viet'nami
India (het)	ინდოეთი	indoeti
Israël (het)	ისრაელი	israeli
China (het)	ჩინეთი	chineti
Libanon (het)	ლიბანი	libani
Mongolië (het)	მონღოლეთი	mongholeti
Maleisië (het)	მალაიზია	malaizia
Pakistan (het)	პაკისტანი	p'ak'ist'ani
Saoedi-Arabië (het)	საუდის არაბეთი	saudis arabeti
Thailand (het)	ტაილანდი	t'ailandi
Taiwan (het)	ტაივანი	t'aivani
Turkije (het)	თურქეთი	turketi
Japan (het)	იაპონია	iap'onia
Afghanistan (het)	ავღანეთი	avghaneti
Bangladesh (het)	ბანგლადეში	bangladeshi

Indonesië (het)	ინდონეზია	indonezia
Jordanië (het)	იორდანია	iordania
Irak (het)	ერაყი	eraqi
Iran (het)	ირანი	irani
Cambodja (het)	კამბოჯა	k'amboja
Koeweit (het)	კუვეიტი	k'uveit'i
Laos (het)	ლაოსი	laosi
Myanmar (het)	მიანმარი	mianmari
Nepal (het)	ნეპალი	nep'ali
Verenigde Arabische Emiraten	აგს	ags
Syrië (het)	სირია	siria
Palestijnse autonomie (de)	პალესტინის ავტონომია	p'alest'inis avt'onomia
Zuid-Korea (het)	სამხრეთ კორეა	samkhret k'orea
Noord-Korea (het)	ჩრდილოეთ კორეა	chrdiloet k'orea

151. Noord-Amerika

Verenigde Staten van Amerika	ამერიკის შეერთებული შტატები	amerik'is sheertebuli sht'at'ebi
Canada (het)	კანადა	k'anada
Mexico (het)	მექსიკა	meksik'a

152. Midden- en Zuid-Amerika

Argentinië (het)	არგენტინა	argent'ina
Brazilië (het)	ბრაზილია	brazilia
Colombia (het)	კოლუმბია	k'olumbia
Cuba (het)	კუბა	k'uba
Chili (het)	ჩილე	chile
Bolivia (het)	ბოლივია	bolivia
Venezuela (het)	ვენესუელა	venesuela
Paraguay (het)	პარაგვაი	p'aragvai
Peru (het)	პერუ	p'eru
Suriname (het)	სურინამი	surinami
Uruguay (het)	ურუგვაი	urugvai
Ecuador (het)	ეკვადორი	ek'vadori
Bahama's (mv.)	ბაჰამის კუნძულები	bahamis k'undzulebi
Haïti (het)	ჰაიტი	hait'i
Dominicaanse Republiek (de)	დომინიკის რესპუბლიკა	dominik'is resp'ublik'a
Panama (het)	პანამა	p'anama
Jamaica (het)	იამაიკა	iamaik'a

153. Afrika

Egypte (het)	ეგვიპტე	egvip't'e
Marokko (het)	მაროკო	marok'o
Tunesië (het)	ტუნისი	t'unisi
Ghana (het)	განა	gana
Zanzibar (het)	ზანზიბარი	zanzibari
Kenia (het)	კენია	k'enia
Libië (het)	ლივია	livia
Madagaskar (het)	მადაგასკარი	madagask'ari
Namibië (het)	ნამიბია	namibia
Senegal (het)	სენეგალი	senegali
Tanzania (het)	ტანზანია	t'anzania
Zuid-Afrika (het)	სამხრეთ აფრიკის რესპუბლიკა	samkhret aprik'is resp'ublik'a

154. Australië. Oceanië

Australië (het)	ავსტრალია	avst'ralia
Nieuw-Zeeland (het)	ახალი ზელანდია	akhali zelandia
Tasmanië (het)	ტასმანია	t'asmania
Frans-Polynesië	საფრანგეთის პოლინეზია	saprangetis p'olinezia

155. Steden

Amsterdam	ამსტერდამი	amst'erdami
Ankara	ანკარა	ank'ara
Athene	ათენი	ateni
Bagdad	ბაღდადი	baghdadi
Bangkok	ბანკოკი	bank'ok'i
Barcelona	ბარსელონა	barselona
Beiroet	ბეირუთი	beiruti
Berlijn	ბერლინი	berlini
Boedapest	ბუდაპეშტი	budap'esht'i
Boekarest	ბუხარესტი	bukharest'i
Bombay, Mumbai	ბომბეი	bombei
Bonn	ბონი	boni
Bordeaux	ბორდო	bordo
Bratislava	ბრატისლავა	brat'islava
Brussel	ბრიუსელი	briuseli
Caïro	კაირო	k'airo
Calcutta	კალკუტა	k'alk'ut'a
Chicago	ჩიკაგო	chik'ago
Dar Es Salaam	დარ-ეს-სალამი	dar-es-salami
Delhi	დელი	deli

Den Haag	ჰააგა	haaga
Dubai	დუბაი	dubai
Dublin	დუბლინი	dublini
Düsseldorf	დიუსელდორფი	diuseldorpi
Florence	ფლორენცია	plorentsia
Frankfort	ფრანკფურტი	prank'purt'i
Genève	ჟენევა	zheneva
Hamburg	ჰამბურგი	hamburgi
Hanoi	ჰანოი	hanoi
Havana	გავანა	gavana
Helsinki	ჰელსინკი	helsink'i
Hiroshima	ხიროსიმა	khirosima
Hongkong	ჰონკონგი	honk'ongi
Istanbul	სტამბული	st'ambuli
Jeruzalem	იერუსალიმი	ierusalimi
Kiev	კიევი	k'ievi
Kopenhagen	კოპენჰაგენი	k'op'enhageni
Kuala Lumpur	კუალა-ლუმპური	k'uala-lump'uri
Lissabon	ლისაბონი	lisaboni
Londen	ლონდონი	londoni
Los Angeles	ლოს-ანჟელესი	los-anzhelesi
Lyon	ლიონი	lioni
Madrid	მადრიდი	madridi
Marseille	მარსელი	marseli
Mexico-Stad	მეხიკო	mekhik'o
Miami	მაიამი	maiami
Montreal	მონრეალი	monreali
Moskou	მოსკოვი	mosk'ovi
München	მიუნხენი	miunkheni
Nairobi	ნაირობი	nairobi
Napels	ნეაპოლი	neap'oli
New York	ნიუ-იორკი	niu-iork'i
Nice	ნიცა	nitsa
Oslo	ოსლო	oslo
Ottawa	ოტავა	ot'ava
Parijs	პარიზი	p'arizi
Peking	პეკინი	p'ek'ini
Praag	პრაღა	p'ragha
Rio de Janeiro	რიო-დე-ჟანეირო	rio-de-zhaneiro
Rome	რომი	romi
Seoel	სეული	seuli
Singapore	სინგაპური	singap'uri
Sint-Petersburg	სანკტ-პეტერბურგი	sank't'-p'et'erburgi
Sjanghai	შანხაი	shankhai
Stockholm	სტოკჰოლმი	st'ok'holmi
Sydney	სიდნეი	sidnei
Taipei	ტაიბეი	t'aibei
Tokio	ტოკიო	t'ok'io

Toronto	ტორონტო	t'oront'o
Venetië	ვენეცია	venetsia
Warschau	ვარშავა	varshava
Washington	ვაშინგტონი	vashingt'oni
Wenen	ვენა	vena

www.ingramcontent.com/pod-product-compliance
Lightning Source LLC
Chambersburg PA
CBHW070556050426
42450CB00011B/2893
* 9 7 8 1 7 8 4 9 2 3 4 1 9 *